Wirkungsvoll und überzeugend sprechen – der Rich-Impact-Speaking-Ansatz

Constanze v. Rheinbaben A.

Wirkungsvoll und überzeugend sprechen – der Rich-Impact-Speaking-Ansatz

Sprechkompetenz für Führungskräfte

2., erweiterte und überarbeitete Auflage

Constanze v. Rheinbaben A.
Düsseldorf, Deutschland

ISBN 978-3-662-67777-3   ISBN 978-3-662-67778-0 (eBook)
https://doi.org/10.1007/978-3-662-67778-0

Die Deutsche Nationalbibliothek verzeichnet diese Publikation in der Deutschen Nationalbibliografie; detaillierte bibliografische Daten sind im Internet über http://dnb.d-nb.de abrufbar.

1. Auflage: © Constanze v. Rheinbaben A. 2022
2. Auflage: © Der/die Herausgeber bzw. der/die Autor(en), exklusiv lizenziert an Springer-Verlag GmbH, DE, ein Teil von Springer Nature 2023

Das Werk einschließlich aller seiner Teile ist urheberrechtlich geschützt. Jede Verwertung, die nicht ausdrücklich vom Urheberrechtsgesetz zugelassen ist, bedarf der vorherigen Zustimmung des Verlags. Das gilt insbesondere für Vervielfältigungen, Bearbeitungen, Übersetzungen, Mikroverfilmungen und die Einspeicherung und Verarbeitung in elektronischen Systemen.
Die Wiedergabe von allgemein beschreibenden Bezeichnungen, Marken, Unternehmensnamen etc. in diesem Werk bedeutet nicht, dass diese frei durch jedermann benutzt werden dürfen. Die Berechtigung zur Benutzung unterliegt, auch ohne gesonderten Hinweis hierzu, den Regeln des Markenrechts. Die Rechte des jeweiligen Zeicheninhabers sind zu beachten.
Der Verlag, die Autoren und die Herausgeber gehen davon aus, dass die Angaben und Informationen in diesem Werk zum Zeitpunkt der Veröffentlichung vollständig und korrekt sind. Weder der Verlag noch die Autoren oder die Herausgeber übernehmen, ausdrücklich oder implizit, Gewähr für den Inhalt des Werkes, etwaige Fehler oder Äußerungen. Der Verlag bleibt im Hinblick auf geografische Zuordnungen und Gebietsbezeichnungen in veröffentlichten Karten und Institutionsadressen neutral.

Graphik: Mara Wolf
Lektorat: Carolin Steinlein
Foto: Emil Zander

Planung/Lektorat: Mareike Teichmann
Springer Gabler ist ein Imprint der eingetragenen Gesellschaft Springer-Verlag GmbH, DE und ist ein Teil von Springer Nature.
Die Anschrift der Gesellschaft ist: Heidelberger Platz 3, 14197 Berlin, Germany

Das Papier dieses Produkts ist recyclebar.

Danke

Danke an Euch, liebe Familie, Freunde, Kollegen, Klienten und Partner. Ihr habt mich bis heute begleitet und unterstützt und ich konnte viel von Euch lernen. In diesem Sinne danke ich auch den Stolpersteinen in meinem Leben. Ihr habt mich zu einem stärkeren und damit hoffentlich auch weicheren Menschen gemacht.

Ganz explizit danke ich meiner Schreibbegleiterin der ersten Auflage, Vera Anders, schreib-leicht.de, für ihren Rat und immer kritisches Hinterfragen der Buchthemen und das gemeinsame Schreiben der ersten Auflage. Danke auch für Deine Geduld und Nachsicht in kniffligen Zeiten!

Meiner Freundin und Gesangslehrerin Dorothee Wohlgemuth danke ich für das sorgfältige Lektorat des Manuskripts in Sachen »Atem« und »Stimme«. Deine herzliche Freundschaft und unser Austausch bedeuten mir viel.

Danke auch an Regina Feindt-Lange und Dr. Markus Grote, die Erstleser. Eure Rückmeldungen waren so wertvoll für mich.

Und auch ein Danke an meine Agentur, der KSW Kommunikation GmbH (ksw-kom.de), für die grafische Gestaltung und Produktion des Buches in der ersten Auflage. Die Grafiken konnten wir zum Glück weiterhin behalten. Sie geben diesem Buch ein besonderes Erscheinungsbild. Es macht immer wieder Freude, mit Ihnen zu arbeiten.

In dieser zweiten Auflage gilt mein besonderer Dank auch Mareike Teichmann vom Springer Gabler-Verlag, die mich als Redakteurin behutsam mit verständnisvollem Rat in der Neuauflage begleitet hat.

Inhaltsverzeichnis

1	**Wirkungsreich sprechen – Der Rich-Impact-Speaking-Ansatz**	1
2	**Die Stimme – wie und wo sie entsteht**	7
	Die Stimmbänder	8
	Das Zwerchfell	10
	Der Atem	11
	Die Körperspannung und Körperhaltung	14
	Übungen	16
3	**So klingt unsere Stimme für andere**	19
	Hoch oder tief	20
	Schwach oder stark	20
	Übungen	21
4	**So wirkt die Stimme**	25
	Melodie in die Stimme bringen	26
	Betonen	27
	Phrasenbogen beachten	28
	Geschwindigkeit regulieren und Pausen einlegen	29
	Übungen	30
5	**Zu viel und zu wenig**	35
	Floskeln, Füllwörter und -partikel	37
	Fehlende Artikulation	38
	Übungen	39

6	**Gehört werden, ohne ein Wort zu sagen**	43
	Blickkontakt herstellen	46
	Körpereinsatz zeigen	46
	Mimik und Gestik einsetzen	47
	Präsent sein	48
	Übungen	49
7	**Die Stimme finden, wirkungsreich sprechen**	53
	Alles zusammenbringen: »Ich« + Atem + Stimme + Körper + Ausdruck	54
	Hilfreiche Bilder	55
	Visualisieren	57
	Übungen	58
8	**Frei reden – so hören uns andere wirklich zu**	61
	Authentisch und sympathisch sein	62
	Erzählen statt referieren	62
	Selbst zuhören und eine Verbindung schaffen	64
	Neugierig machen, leiten und führen	64
	Lampenfieber in den Griff bekommen	65
	Online Präsenz zeigen	66
	Übungen	68
9	**Erfahrungen – Rich-Impact-Speaking in der Praxis**	71
	Jan: »Ich kann jeden bewusstlos quatschen.«	72
	Anna: »In größeren Gruppen komme ich nicht durch.«	74
	Harry: „Lasst uns diese Firma verkaufen!"	75
	Katrin: »Ich bin einfach der nüchterne Typ.«	78
	Xaver: »Ich muss mein ‚A.' [A Punkt] finden.«	79
	Miriam: »Es gibt so viel, was ich sagen möchte.«	82
	Stephan: »Ich habe ihm nicht in die Augen geschaut.«	84
	Caroline: »Der schönste Teil des Quartalsberichts: die Margarita im Anschluss.«	86
	Herbert: »Ich bin so stolz auf mein Team!«	89
10	**Ausruf**	93

Über die Autorin

Constanze v. Rheinbaben A., geboren 1966, ist in einem deutsch-mexikanisch-libanesischen Elternhaus aufgewachsen. Von der Kindheit in Lateinamerika an sang sie aktiv in Chören. Mit 18 Jahren sammelte sie erste Erfahrungen als Solistin auf größeren Bühnen und sie hat bis heute kleinere Auftritte in den USA und in Deutschland.

Nach ihrem Volkswirtschaftsstudium an der LMU in München war sie auch in Führungspositionen in Banken und der Industrie in Europa und den USA beruflich unterwegs. Sie hat einen Master in Musiktherapie an der New York University und ist ausgebildete Yogalehrerin.

Constanze v. Rheinbaben A. lebt und arbeitet in Deutschland mit Klienten weltweit. Sie reist viel. Häufig in die USA und nach Mexiko.

1 Wirkungsreich sprechen – Der Rich-Impact-Speaking-Ansatz

Wozu dieses Buch einlädt

Stimmen wirken. Sie bringen uns in Kontakt mit anderen, vermitteln, erklären, motivieren. Sie können beruhigen und berühren oder auch beim Sprechen und Zuhören anstrengen. Von manchen bekommen wir nicht genug, andere bringen uns zum Einnicken, selbst wenn das Gegenteil die Sprecherabsicht war.

Bei all dem ist unsere Stimme immer mehr als das Organ, das (hoffentlich) sinnstiftend Töne produziert und uns erlaubt, mit anderen Menschen zu sprechen. Was es genau bedeutet, eine eigene Stimme zu entwickeln, darum geht es in diesem Buch. Es basiert auf dem Wissen, dass wir unsere Stimme oft besser und bewusster einsetzen können, als wir es tun.

Effektive Kommunikationsfähigkeiten sind nach wie vor unerlässlich, insbesondere für Führungskräfte und Unternehmer. Auch mit dem Aufkommen der neuen Technologien. Denn technische Mittel können zwar Informationen liefern und Antworten produzieren, aber sie können die menschliche Interaktion und die emotionale Intelligenz, die mit der Kommunikation von Angesicht zu Angesicht einhergeht, nicht ersetzen.

Die persönliche Kommunikation ist nach wie vor in vielen beruflichen Situationen wichtig, z. B. bei der Motivation von Mitarbeitern und Investoren, bei überzeugenden Geschäftsbesprechungen und bei öffentlichen Auftritten, die allesamt wichtige Führungsaufgaben darstellen. Darüber hinaus kann die Entwicklung starker Kommunikationsfähigkeiten das Selbstvertrauen und die Fähigkeit, sich effektiv auszudrücken, verbessern. Charisma und Selbstvertrauen spielen eine wichtige Rolle, wenn es darum geht, ein beispielhaftes Vorbild zu sein. Ich bin sogar der Meinung, dass Kommunikation das Herzstück allen Führungsverhaltens ist.

Als Stimmtrainerin und Musiktherapeutin und mit meinen über 25 Jahren Wirtschaftserfahrung versichere ich: Unsere Stimme ist nicht nur gottgegeben,

© Der/die Autor(en), exklusiv lizenziert an Springer-Verlag GmbH, DE, ein Teil von Springer Nature 2023
C. v. Rheinbaben A., *Wirkungsvoll und überzeugend sprechen – der Rich-Impact-Speaking-Ansatz*, https://doi.org/10.1007/978-3-662-67778-0_1

wie viele Menschen denken. Wir können sie behutsam formen und schulen und damit vor allem berufliche Themen lösen, die uns vielleicht schon seit Jahren beschäftigen. Auch wenn wir die Stimmphysiognomie nicht verändern können, so können wir doch lernen, die Stimme entspannter einzusetzen und dadurch entspannter zu wirken.

Als diplomierte Volkswirtin brachte mich mein Weg in die Unternehmenswelt. Ich hatte dort schon früh die Möglichkeit, auf Symposien und anderen Konferenzen Vorträge zu halten und sie in großem Maße zu moderieren. Eine Aufgabe, die mir viel Spaß machte und für die ich oft gelobt wurde. Das bedeutete, dass ich mich im Laufe der Zeit immer mehr freiwillig meldete und wahrscheinlich wurde ich dadurch immer besser.

Leider saß ich auch in vielen Präsentationen, die mich als Zuhörerin nicht mitnahmen, und ich sah viele Kolleginnen und Führungskräfte, denen es offensichtlich nicht leichtfiel, zu präsentieren oder ihre Mitarbeitenden zu begeistern und für eine Aufgabe oder einen Veränderungsprozess einzustimmen.

Nach einigen Jahren im englischsprachigen Raum lebte ich wieder in Deutschland und arbeitete in einem technischen Umfeld. Ich wurde mit einem Präsentationsstil konfrontiert, der – wahrscheinlich mit dem Ziel, sehr rational zu sein – kaum jemals emotionale oder sinnliche Beschreibungen enthielt. Meine Persönlichkeit ist jedoch eine, die Geschichten erzählt. Wenn Sie mich fragen, warum ich Constanze v. Rheinbaben A. heiße, also was das A. zu bedeuten hat, kann ich Ihnen alles über mich so erzählen, als ob Sie einen guten Roman lesen würden.

Dann habe ich bei einer Konferenz eine Vortragende am Abend vor ihrer Ansprache darin unterstützt, ihre Nervosität zu zügeln. Sie hat das fantastisch gemacht und mir gesagt, dass meine Hilfe sehr wichtig für ihren großartigen Auftritt gewesen sei.

Gute Geschichten zu erzählen und sie gut zu erzählen, den Bogen eines fesselnden Dramas ebenso wie die Melodie zu nutzen und alle Aspekte guter Präsentationsfähigkeiten, vokal und nonverbal, waren mir zur zweiten Natur geworden, ob es nun mit Vorständen großer börsennotierter Unternehmen oder in kleineren Gruppen von Start-up-Unternehmen war. Also beschloss ich, meinen Job in einem DAX Unternehmen zu kündigen und Sprechtrainerin zu werden.

Ich arbeite hauptsächlich mit dem oberen und mittleren Management in kleinen und mittleren Unternehmen.

Im angelsächsischen Bildungssystem werden Präsentationen und das Sprechen in der Öffentlichkeit in hohem Maße geschult. Nicht so sehr im deutschen Bildungssystem oder im spanischen und lateinamerikanischen. Diese Fähigkeiten werden manchmal als „Soft Skills" (weiche Fähigkeiten) bezeichnet. In jedem

1 Wirkungsreich sprechen – Der Rich-Impact-Speaking-Ansatz

Fall sind es notwendige Kompetenzen, die man entwickeln und pflegen muss, um eine gute Führungskraft zu sein, die überzeugt und bewegt. Dieses Buch soll Ihnen auf unbeschwerte Weise helfen, Ihre verbalen Kommunikationsfähigkeiten aufzupolieren.

Ich zeige Ihnen, wie interessant und lohnend das Beschäftigen mit der eigenen, unverwechselbaren Stimme ist. Den Ansatz, den Sie hier kennenlernen, nenne ich RICH-IMPACT-SPEAKING. Dass er äußerst wirkungsreich sein kann, zeigt mir die Arbeit mit meinen Klientinnen und Klienten. Alles, was sich aus der Positiven Psychologie, aus der Musiktherapie oder aus meiner Praxis als Yogatrainerin und Sängerin bewährt und zum Erfolg beitragen kann, ist mir in meinem unkonventionellen Konzept willkommen.

Im Fokus steht leuchtend ein Ziel: die eigene Stimme kennenzulernen und sie für mehr Freude, einen lebendigen und wertschätzenden Austausch mit anderen und Erfolg weiterzuentwickeln.

Wie ist dieses Buch aufgebaut?
Dieses Buch ist so aufgebaut, dass Sie Schritt für Schritt lernen, wie Sie die wichtigsten Elemente guten Sprechens trainieren.

Im zweiten Kapitel beginne ich mit der Stimme, denn sie ist das ultimative Instrument für die Kommunikation von Angesicht zu Angesicht. Wie jeder Ton entsteht auch die Stimme durch die von der Luft erzeugte Schwingung, und so werde ich Ihnen Anleitungen geben, wie Sie eine gute Atmung üben können, und erklären, was eine gute Körpertonalität für gutes Sprechen ist. Damit können Sie eine gute, hörbare und tragende Stimme erzeugen.

In Kap. 3 lernen Sie zu verstehen, wie Ihr Publikum Ihre Stimme wahrnimmt und was Sie tun können, um dies zu beeinflussen.

Das vierte Kapitel behandelt die Feinheiten der Erzeugung einer vielseitigen Stimme, einer Stimme, die im Sprechen singen und Variabilität zeigen kann.

Kap. 5 hilft Ihnen, das sprachliche Gleichgewicht zu finden und zu vermeiden, dass Sie zu viel sprechen und überflüssige Worte hinzufügen, und stellt sicher, dass die Worte, die Sie aussprechen, klar und leicht zu erkennen sind.

Im sechsten Kapitel werden die nicht verbalen Aspekte guten Sprechens behandelt. Wenn wir dies zum Beispiel als Körpersprache bezeichnen können, bedeutet es, dass die meisten der Anleitungen für jede Sprache gelten. Diese Regeln werden hier beleuchtet.

Kap. 7 ist eine Einladung, Ihre ganz eigene und individuelle Stimme zu finden. Wie bereits in dieser Einleitung erwähnt, ist eine Stimme, die Sie und Ihre Persönlichkeit widerspiegelt, wichtiger denn je und wird, wenn Sie sie zu Ihren Gunsten einsetzen, zu Ihrem einzigartigen persönlichen Alleinstellungsmerkmal.

In Kap. 8 finden Sie Anregungen, wie Sie Ihre Ansprache strukturieren können. Es beinhaltet Tipps, die Ihnen helfen, selbstbewusst und entspannt aufzutreten, auch wenn Sie sich zunächst nicht so fühlen. Da wir in letzter Zeit vermehrt zu Online-Interaktionen übergegangen sind, werde ich auch einige Details ansprechen, auf die Sie achten sollten, wenn Sie von Bildschirm zu Bildschirm sprechen.

Schließlich stelle ich Ihnen in Kap. 9 neun meiner Klienten und die Art und Weise, wie ich mit ihnen gearbeitet habe, vor. Die Lektüre dieser Beispiele soll Ihnen einen Einblick geben, wie Sie nach der Lektüre dieses Buches Ihre eigenen Trainings angehen können.

Worin unterstützt Sie dieses Buch konkret?

Es hilft Ihnen dabei,

- die eigene Stimme neugierig zu erforschen
- das Potenzial Ihrer Stimme besser auszuschöpfen
- im Beruf souveräner aufzutreten und einen nachhaltig positiven Eindruck zu hinterlassen
- Inhalte besser und interessanter zu präsentieren
- sich mit Methoden, Tipps und Werkzeugen selbstständig weiterzuentwickeln

Meine Herausforderung beim Schreiben bestand darin, meine individuell ablaufenden Stimmtrainings mit einzelnen Klienten und Klientinnen für Sie nachvollziehbar aufzubereiten. Lassen Sie sich deshalb von meinem Angebot zum Nachdenken und vielen Ideen zum Austesten anregen. Nicht alles wird relevant für Sie sein, anderes wird hoffentlich wie maßgeschneidert passen.

Schauen Sie sich am Ende des Buches an, wie vier meiner Klientinnen und fünf Klienten ihren Weg gefunden haben. Ich hoffe sehr, dass sie Sie inspirieren werden, Ihr eigenes Thema zu erkennen.

Kurz: Mit diesem Buch möchte ich Sie ermuntern, auf die Suche nach Ihrer eigenen Stimme zu gehen. Nach einer Stimme, die authentisch zu dem passt, wer Sie sind. Nach einer, die anderen signalisiert, dass es sich lohnt, Ihnen zuzuhören. Und nach einer, die Sie auch in herausfordernden Situationen nicht im Stich lässt.

Wie arbeiten Sie mit diesem Praxisbuch? Schauen Sie, was Sie anspricht oder gehen Sie Seite für Seite durch und greifen Sie sich dann heraus, was Sie brauchen.

Was mögen Sie an Ihrer Stimme? Was wäre anders besser? Nehmen Sie jetzt eine akustische Notiz mit Ihrem Smartphone auf und ergänzen Sie das Datum von heute.

1 Wirkungsreich sprechen – Der Rich-Impact-Speaking-Ansatz

Schicken Sie sich nun selbst eine Erinnerung, um diese Notiz in einem halben Jahr abzuhören. Sie werden in der Zwischenzeit auf Ihre Stimme geachtet und einiges aus diesem Buch ausprobiert haben. Sie werden staunen, was sich verbessert hat.

Das Ziel ist immer eine Kommunikation, bei der Sie und Ihre Gesprächspartner und Gesprächspartnerinnen den jeweils anderen wirklich hören und sich selbst verständlich machen können.

Neugierig? Dann lassen Sie uns starten. Mit vielen praktischen Beispielen, den »Extra«-Impulsen und den Trainings können Sie sofort in unser Thema einsteigen.

Ihre Constanze v. Rheinbaben A.

Die Stimme – wie und wo sie entsteht 2

Unsere gesamte Umgebung ist voller Klang, denn überall um uns herum vibrieren Moleküle. Und sie vibrieren, weil die Luft sie berührt und in Bewegung versetzt. Auch unsere Stimme ist das Ergebnis von Schwingungen. Die Vibration der Stimmbänder wird durch die Luft ausgelöst, die sie in Bewegung setzt.

© Der/die Autor(en), exklusiv lizenziert an Springer-Verlag GmbH, DE, ein Teil von Springer Nature 2023
C. v. Rheinbaben A., *Wirkungsvoll und überzeugend sprechen – der Rich-Impact-Speaking-Ansatz*, https://doi.org/10.1007/978-3-662-67778-0_2

In diesem Kapitel lernen Sie die Stimmbänder und ihre Funktionsweise kennen. Sie erfahren, wie wichtig es ist, sie gut im Zwerchfell zu verankern, und wie der Atem am besten fließen kann, um eine ideale Schwingung der Stimmbänder zu ermöglichen. All dies geschieht in unserem Körper, weshalb das Verständnis der Rolle unseres Körpers und seiner Spannung ebenfalls Teil dieses Kapitels ist.

Um unsere Stimme zu beeinflussen, sollten wir sie zunächst verstehen. Daher lassen Sie uns mit einigen Grundlagen beginnen.

Die Stimmbänder

Tönend, zart, warm: Unser individueller Stimmton entsteht, wenn wir beim Ausatmen unsere Stimmbänder zum Schwingen bringen. Schauen wir uns das kurz an: Die Stimmbänder sehen so aus und funktionieren auch ähnlich wie unsere Lippen. Sie werden deshalb auch Stimmlippen genannt und liegen innerhalb unseres Kehlkopfes, der am Eingang unserer Luftröhre sitzt. Atmen wir ein, um zu sprechen, bewegen sich die Stimmlippen auseinander und die Luft kann ungehindert einströmen.

Beginnen wir zu reden oder zu singen, dann schwingen die Stimmlippen durch unser Ausatmen hin und her – so lange, bis sie sich in der Schlussphase wieder schließen. Das Prinzip ist so ähnlich wie bei einem aufgeblasenen Luftballon, bei dem wir durch einen winzigen Spalt an der Öffnung wieder Luft entweichen lassen und dann einen Ton hören.

Beim Ausatmen durch die Stimmlippen geraten die Luftmoleküle vor unserem Mund und Gesicht in Bewegung. Diese Moleküle stoßen an weitere in ihrer Nähe, die sich dadurch ebenfalls bewegen, an weitere stoßen und sich weiterbewegen. Die dadurch entstehenden, unterschiedlich langen Schallwellen gelangen ans Gehör anderer Menschen, bei denen sie nach einer rasant schnellen Verarbeitung im Gehirn als Sprechen wahrgenommen werden.

Die unterschiedlichen Strukturen innerhalb unserer Stimmlippen und ihre Dicke, unsere Kehlkopfgröße und unser Brustkorb- und Körperumfang beeinflussen dabei das Entstehen unserer unverwechselbaren Stimme. In der Pubertät wachsen wir und auch unsere Stimmbänder unterschiedlich schnell. Die jetzt aktivierten Sexualhormone regen schubweise die Veränderung von Kehlkopf und Stimmlippen bei Mädchen und Jungen an. Bei letzteren dauert das wesentlich länger. Das Ergebnis: Je länger und dicker die Stimmlippen werden, desto langsamer schwingen sie. Der Ton klingt tiefer. Durch die phasenweise Veränderung kommt es zum Stimmbruch. So brechen Töne weg, kieksen oder überschlagen sich.

Die Stimmbänder

Noch ein Kind oder schon erwachsen: Auch unser emotionaler und gesundheitlicher Zustand wirkt sich aufs Sprechen aus. Ob wir fit, krank, angespannt oder entspannt klingen – die Stimmbänder, die einen Muskelanteil haben, spielen hier eine zentrale Rolle. Fließt der Luftstrom gleichmäßig, klingt die Stimme stabil.

Letztlich gleicht unser Körper einem Instrument. Dazu ein kleines Beispiel: Einmal brachte mein Neffe aus dem Kindergarten eine mit Gummibändern bespannte Dose mit nach Hause. Sein »Pitschipato«, wie er das »Pizzicato« (pizzicare = italienisch für kneifen) nannte, zeigt gut, wie es sich auch bei uns verhält. Die Stimmbänder und die Gummibänder (= die Saiten) auf der Dose ähneln sich in mancher Hinsicht. Stimmbänder wie Saiten brauchen eine ideale Spannung, um ihren besten, vollen und wohlklingenden Ton abzugeben. Sind sie zu straff, zu angespannt, dann schwingen sie nicht richtig. Sie quietschen oder reißen sogar. Sind sie zu locker, zu entspannt, klingen sie kaum, weil die Luft sie auf diese Weise nicht zum Schwingen bringen kann.

Hierbei gilt: Je angespannter wir sind, desto höher klingt unsere Stimme für andere. Die Schallwellen dieser hellen Töne sind kürzer, sie reichen weniger weit. Atmen wir gut und entspannen uns bis hin zur nötigen Grundspannung, produzieren wir längere Schallwellen. Unsere Stimme klingt tiefer und wir schonen nebenbei unsere empfindlichen Stimmbänder.

Welche wichtige Rolle hier Körperspannung und Körperhaltung spielen und wie Sie Ihre Stimmbänder aktiv entspannen, lernen Sie am Ende des Abschnitts. Hier aber schon eine »Pflegeanleitung«:

- Trinken Sie etwa zwei Liter am Tag. Sie können die Stimmbänder anatomisch bedingt nicht direkt befeuchten und müssen deshalb immer genug Wasser im Körper haben. Hydrierung hilft, damit die Stimmbänder nicht rau und anfällig für Infekte werden.
- Heiser klingen wir, wenn sich die Stimmlippen nicht mehr richtig schließen und dann ein Strömungsgeräusch verursacht wird. Sprechen Sie bei Krankheiten der Luftwege und Heiserkeit möglichst wenig und gewöhnen Sie sich das Flüstern ab. Beim Flüstern drücken Sie eine enorme Menge zusätzlicher Luft durch die bedingt durch Infekte geschwollenen Stimmlippen. Das bereits gereizte Gewebe trocknet noch weiter aus, was tatsächlich größeren Schaden anrichten kann.
- Planen Sie beruflich und privat immer wieder Stimmpausen ein.
- Meiden Sie das Einatmen von Rauch.
- Räuspern Sie sich so wenig wie möglich. Es ist vergleichbar mit einem Mückenstich, an dem Sie heftig reiben. Auf ein sehr kurzes Gefühl der

Erleichterung folgt ein weitaus unangenehmerer Reiz. Das Räuspern wirbelt den Schleim kurz auf, der sich dann wieder auf die Stimmbänder legt. Besser ist es zu warten, bis sich genug Speichel und Schleim angesammelt haben. Schlucken Sie nun, statt sich zu räuspern, dann hält die Erleichterung viel länger an.

Das Zwerchfell

Unser großer Atemmuskel ist das Zwerchfell. Es erstreckt sich wie ein seidiger Fallschirm über die gesamte Unterseite des Brustkorbs. Schön kräftig und beweglich »rettet« es unsere Stimme.

Atmet ein Mensch ein, weitet sich normalerweise die Bauchdecke. Die Rippen bewegen sich nach außen und das Zwerchfell nach unten. Die Organe des Unterbauchs werden dabei aus dem Weg geschoben: Wir haben das Gefühl, in den Bauch zu atmen. Dieser »Hub« ist wichtig und wertvoll. Er massiert unser Inneres, fördert die Durchblutung und macht außerdem Platz, damit sich die Lunge wie ein Blasebalg mit Luft füllen kann.

Eine tiefe, entspannte Atmung ist eine gute Voraussetzung für eine klare und starke Stimme. Aus der Lunge presst die strömende Luft gegen die geschlossenen Stimmlippen und sie beginnen zu schwingen. Je nachdem, ob wir einen starken oder schwachen Luftstrom gegen die Stimmlippen fließen lassen, klingt der erzeugte Ton laut oder leise. Das hängt in erster Linie davon ab, ob wir die Stimmbänder im Kehlkopf druckfrei spannen und entspannen können. Je mehr Luft wir einatmen und je kontrollierter wir die Luft über unsere Stimmlippen abgeben können, desto stärker wird und klingt unsere Stimme. Wir sprechen kraftvoll, ohne zu schreien oder heiser zu werden.

Viele von uns haben die »richtige« Art zu atmen verlernt und nutzen deshalb auch nicht das volle Potenzial ihrer Stimme.

Das Zwerchfell ist hier ein wesentlicher Modulator der Stimme, weil es den erwähnten Luftfluss entlang der Stimmbänder steuert. Für die Betonung beim Sprechen muss es flexibel sein.

Im Buch finden Sie deshalb einige Übungen, um anders zu atmen, das Zwerchfell beweglich zu halten und damit auch den Klang Ihrer Stimme zu verbessern. Diese kleinen Übungseinheiten bereiten Ihre Stimme für den täglichen Einsatz vor. Denn: Während des Sprechens im Alltag oder während einer Präsentation möchten wir weder unser Zwerchfell bewusst aktivieren noch unseren Atem kontrollieren.

Klingt Ihre Stimme gerade energielos und schwach? Stellen Sie sich vom Hals bis zum Punkt, an dem sich Ihre Rippenbögen treffen, ein schlankes Bambusrohr vor. Dieses Rohr möchte gut auf dem ausgeweiteten Zwerchfell verankert sein, um einen starken und stabilen Ton zu erzeugen.

Wenn Sie sich entsprechend aufrichten und raumumfassend atmen, schaffen Sie beste »Arbeitsbedingungen« für Ihr Zwerchfell bis hinauf zu Ihren Stimmlippen: Ihre Luft fließt beim Sprechen freier und gleichmäßiger.

Hierzu ein kleines Beispiel aus der Praxis: Einmal in der Woche veranstalten meine drei Geschwister und ich eine Videokonferenz mit unserer alten Mutter, die in Mexiko lebt. Drei von uns sitzen aufrecht auf Stühlen und sprechen in Mikrofone. Der vierte ist etwas bequemer. Er liegt meistens auf seinem Sofa. In dieser Position kann sich sein Zwerchfell nicht weiten, die Stimme trägt nicht. Es ist bemerkenswert zu beobachten, dass unsere Mutter die »Couch-Potato« tatsächlich nicht verstehen kann. Für mich eine wöchentliche Erinnerung, wie wichtig eine entspannte, aufrechte Haltung für unser Zwerchfell und die Qualität unserer Stimme ist.

Der Atem

Der erste Atemzug, der erste Schrei: Auch wenn Babys später vieles lernen müssen, die Fähigkeit, gut zu atmen und ihre Stimme zu gebrauchen, bringen sie mit. Das ist klug eingerichtet von Mutter Natur, denn nur wenn ein so kleines Geschöpf lautstark auf seine Bedürfnisse aufmerksam machen kann, hat es die überlebenswichtige Chance auf Nahrung, Schutz und Liebe.

Schon von diesem ersten Moment an wirken Erfahrungen auf unsere Art zu atmen und damit auf unsere Stimmqualität. Reagieren die Menschen in unserem direkten (und später weiteren) Umfeld in der Summe zugewandt und hilfreich auf unsere Bedürfnisse, bleiben wir eher bei unserem natürlichen Atmen. Ist das häufig nicht oder seltener der Fall, dann verändern starke Emotionen unser Atemmuster: Wir gewöhnen uns suboptimales Atmen an und atmen oft nur oberflächlich.

Anders ausgedrückt: Unsere Atmung ist sehr eng mit unserem vegetativen Nervensystem verbunden. Wenn seelische Regungen unsere Atmung beeinflussen, dann manifestiert sich das entsprechend in unserem Körper. Unsere Emotionen werden durch das Atmen zum Fließen gebracht. Wenn wir den Atem anhalten, trennen wir uns automatisch von Gefühlen. Im Yoga geht man sogar davon aus, dass die Atmung den Geist beeinflusst und die Energie in unserem Körper lenkt.

Wer ängstlich, aufgeregt oder unruhig ist, atmet weder tief noch gleichmäßig. Diese flache Atmung geht häufig einher mit einem Anspannen des Körpers.

Er stellt sich auf einen Minimalverbrauch von Sauerstoff und Energie ein. Ein Automatismus, der sich auch in unserer Stimme bemerkbar macht. Holen wir auf diese Weise Luft, nutzen wir auch ihr Potenzial nicht oder nur unter großer Anstrengung.

Grundsätzlich ist die Sprechatmung, anders als viele glauben, immer eine Atmung durch den Mund. Nur so nehmen wir schnell und geräuscharm ausreichend Luft auf. Der Mund öffnet sich beim Einatmen, der Rachen weitet sich, sodass die Luft kaum hörbar und in guter Menge einströmen kann. Unsere kleinen Nasenlöcher eignen sich nicht für diesen Vorgang. Wenn wir sprechen, dann immer beim Ausatmen. Halten Sie die flache Hand beim Sprechen vor Ihre Lippen. Sie spüren den Hauch Ihres Atems.

Seit vielen Jahren bekommt das Thema Atmen im Westen mehr Aufmerksamkeit. Es gilt auch bei uns als gesichert, dass wir mit unserem Atmen unser vegetatives Nervensystem selbst beeinflussen und so Verspannungen (zum Teil) lösen können. Sicher haben Sie in diesem Zusammenhang schon gehört, jemand solle in den Bauch, in die Brust oder sogar in den Schmerz atmen. Das sind hilfreiche Visualisierungen für die vielen Menschen, die das »richtige« Atmen verlernt haben. Sie haben sich angewöhnt, den Bauch dauerhaft einzuziehen oder anzuspannen. Neben den oben erwähnten biografischen Gründen führen auch intensives oder falsches Sporttraining, zu viel Sitzen und der Wunsch nach einem flachen, ästhetisch ansprechenderen Bauch zu einem ungünstig flachen Atemmuster.

Ist das so, dann hilft das Bild des In-den-Bauch-Atmens, selbst wenn wir organisch betrachtet nur mit und in unsere Lunge atmen. Diese Vorstellung hilft uns, Luft durch die Nase oder durch den Mund anders, länger oder umfangreicher aufzunehmen. Wichtig ist hier, den Bauch aktiv auszudehnen und dabei tief und lange einzuatmen. Nur so zieht sich das Zwerchfell nach unten, drückt die Organe massierend zur Seite und stellt sicher, dass sich die Lunge optimal mit Sauerstoff füllt. Ist die Lunge leer, bildet sich ein Unterdruck, der automatisch zu einem lautlosen Einatmen führt, sobald wir den Mund öffnen.

Beim Ausatmen entspannt sich dann das Zwerchfell, die Luft strömt aus der Lunge, der Bauch wird (im Rahmen des Möglichen) wieder flach.

Prüfen Sie Ihre Atemqualität, indem Sie Ihre Hände oberhalb des Bauches auf Ihre Rippen legen und dann atmen. Bewegen sich Ihre Hände, bedeutet das, dass sich Ihre Lunge in diese Richtung ausdehnt. Tun sie es nicht, zeigt das eine flache Atmung an. Testen Sie an unterschiedlichen Stellen, an den Seiten, auf der Brust, im Bereich des Schlüsselbeins oder des Rückens, wo sich Ihre Rippen unter der Atmung wölben oder nicht.

Unabhängig vom Ergebnis Ihrer Beobachtung: Die Atmung gehört erfreulicherweise zu den wenigen Körperfunktionen, die wir zu einem gewissen Grad nachhaltig steuern und mit etwas Übung verändern können. Wie erwähnt, erleichtern uns eine aufrechte Haltung und die richtige Ausrichtung von Rumpf, Hals und Kopf das Atmen und damit das Bilden von klaren und gut hörbaren Sätzen.

Wie können Sie Ihre Atmung zum Wohle Ihrer Stimme nutzen?

- Achten Sie in Gesprächen mit anderen bewusst darauf, dass Sie genug Luft haben. Nur so können Sie vollständige Sinneinheiten, sogenannte Phrasen, ohne Atemunterbrechung aussprechen und Ihren Punkt machen, um dann wieder zu atmen.
- Denken Sie allerdings auch daran, dass Sie nur so viel Luft einzuatmen brauchen, wie Sie benötigen, um den nächsten Satz zu formulieren.
- Atmen Sie zwischen Ihren Sätzen bewusst und nicht mitten im Satz. Sind Sie, aus was für Gründen auch immer, kurzatmig, kommt Ihre Botschaft bei Ihrem Gegenüber entsprechend abgehackt oder gar nicht an.◄

Um diese Tipps in bestimmten Situationen mühelos umsetzen zu können, üben Sie das Atmen und damit das, was Sie über die Zeit vielleicht »verlernt« haben, wieder ein.

- Beobachten Sie während des Tages immer wieder Ihre Atmung und wie Ihr Körper reagiert. Wie fühlt es sich an, wenn Sie das Aus- oder Einatmen verlängern oder verkürzen?
- Versuchen Sie immer wieder, die Atmung gleichmäßiger und ruhiger werden zu lassen. Schauen Sie, dass sich dabei die Bauchdecke beim Einatmen dehnt und beim Ausatmen leicht zusammenzieht.
- Üben Sie diese lange, tiefe Atmung zwischendurch, jeden Tag, beim Warten, Filmegucken, vor dem Einschlafen und nach dem Aufwachen. Gewöhnen Sie sich diese Art zu atmen spielerisch und beiläufig an.
- Probieren Sie in stressigen Situationen einige Runden »Box breathing«, wie es beispielsweise auch professionelle Einsatzkräfte der amerikanischen Polizei lernen: auf vier einatmen, auf vier halten, auf vier ausatmen, auf vier ohne Luft in der Lunge bleiben und wieder von vorne beginnen. Wenn sie den Entspannungseffekt noch weiter erhöhen möchten, können Sie versuchen, die Ausatmung auf acht auszuweiten. Eine längere Ausatmung führt im Allgemeinen zu tieferer Entspannung.

Als Dankeschön schenkt Ihnen Ihr Körper nach einiger Zeit mehr Wohlbefinden, Energie und Gesundheit durch eine gute Sauerstoffversorgung und einen verbesserten Stoffwechsel. Mithilfe einer so schlichten Tätigkeit wie Atmen steigern Sie (wissenschaftlich bestätigt) beispielsweise Ihre Konzentration, reduzieren Bauch- und Kopfschmerzen und stärken Ihre Gelassenheit.

Wie positiv sich das Ganze außerdem auf Ihr Stimminstrument auswirkt, besprechen wir im Laufe des Buches. Lenken Sie hier Ihre Aufmerksamkeit zunächst auf die wichtige Tatsache: Die Qualität Ihrer Stimme steht immer in Verbindung mit der Ihres Atmens.

Haben wir uns angewöhnt, gut auszuatmen, dann sind wir in Gesprächen schon mit einem kurzen Atemzug wieder gut für das Sprechen versorgt.

Extra

Im Yoga geht man davon aus, dass der Atem durch den rechten Nasenflügel aktivierend, der Atem durch den linken Nasenflügel beruhigend wirkt.

Grundsätzlich wechselt die Beschaffenheit der Nasenschleimhaut auf der rechten und auf der linken Seite viele Male während des Tages. Mal schwillt sie etwas an, dann wieder ab. Wie oft, das ist individuell verschieden. Dass es tatsächlich diesen sogenannten, medizinisch nachgewiesenen »Nasenzyklus« gibt, merken wir, wenn unsere Nase durch eine Erkältung mal besonders auf der einen, dann wieder auf der anderen Seite verstopft ist.◄

Fassen wir zusammen: Unser Atmen beeinflusst unsere Emotionen, unsere Emotionen beeinflussen unser Atmen und damit die Qualität unserer Stimme. Um richtig gut einatmen zu können, achten Sie immer wieder bewusst auf ein gutes, vollständiges Ausatmen. So nutzen Sie Ihr Lungenvolumen und Geist und Körper werden optimal mit Sauerstoff versorgt.

Die Übungen am Ende des Kapitels unterstützen Sie dabei, Ihr Atemmuster für eine starke Stimme positiv zu verändern.

Die Körperspannung und Körperhaltung

Unser Körper braucht eine Grundspannung. Ohne sie könnten wir uns weder auf unseren zwei Beinen halten noch angemessen bewegen. Bestenfalls liegt unsere ideale Körperspannung mitten zwischen völliger Entspannung und maximaler Anspannung. So kann sie uns mit optimiertem Krafteinsatz bei den meisten Gelegenheiten im Alltag und beim Sport vor Verletzungen schützen und dafür sorgen, dass wir uns wach, wohl und aktiv fühlen. Der, der sich frei von Körperspannung auf dem Sofa lümmelt, fühlt sich selten dynamisch. Die, die sich mit durchgestreckten Knien und hochgezogenen Schultern zum Zerreißen angespannt fühlt, bleibt während ihrer Präsentation unter ihren Möglichkeiten.

Die Körperspannung und Körperhaltung

Über unsere Körperspannung und die daraus resultierende Körperhaltung können wir beeinflussen, ob wir uns unsicher, selbstbewusst, lahm oder energiegeladen fühlen (und so wirken). Das bedeutet: Unser emotionaler Zustand beeinflusst nicht nur unsere Körperhaltung, sondern unsere Körperhaltung wirkt umgekehrt auch auf unseren emotionalen Zustand. Wie wir uns diesen faszinierenden Umstand zunutze machen, besprechen wir später.

Auch unsere Stimme profitiert von einem guten Muskeltonus oder leidet unter mangelnder Körperspannung. Wie schon beschrieben, brauchen unsere Stimmbänder, unser Zwerchfell und unser Atem ausreichend Raum, um einen guten Job zu machen.

Verglichen mit dem Pizzicato aus dem Stimmbänder-Kapitel, einer Geige oder einem bespannten Tennisschläger bedeutet das, dass nicht nur die Saiten, sondern auch der Korpus über die optimale Spannung bestimmt. Ein über die Jahre poröses, weich gewordenes oder von vornherein starres Material lässt sich beispielsweise nicht erfolgreich bespannen. Auf unseren Körper bezogen heißt das: Ein Mensch mit schwachem Muskeltonus ist kaum in der Lage, mit kraftvoller Stimme zu sprechen; die Stimme eines Menschen mit angespannter Muskulatur klingt niemals entspannt.

Vielleicht haben Sie Lust, etwas auszuprobieren? Rücken Sie auf Ihrem Stuhl etwas nach vorn und lassen Sie den Oberkörper locker kopfüber hängen, die Beine leicht gebeugt. Sprechen Sie in der »Kutscherhaltung« einen Satz, der andere motivieren soll. Vermutlich wird Ihnen das nicht oder nur unter großer Anstrengung und damit wenig überzeugend gelingen.

Stellen Sie sich jetzt breitbeinig in »Feldherrenpositur« auf und recken Sie Ihr Kinn energisch in die Höhe. Versuchen Sie jetzt einen sanften, beruhigenden Satz zu sprechen. Vermutlich bleibt auch hier der Erfolg aus, aber Sie bemerken real, wie Körperspannung, Körperhaltung und Stimme korrespondieren. Der beste Zustand ist der, in dem Sie bei aufrechter Haltung wach und aufmerksam sind und dabei gleichzeitig mental entspannt und gelassen.

Wenn Sie über Ihre Stimme wirken möchten, dann achten Sie also immer wieder auf das beschriebene Optimum zwischen An- und Entspannung. Wählen Sie noch bewusster eine Haltung, die zu Ihrer Sprechintention passt. Wer beim Sprechen wie ein Kartoffelsack hängt, dem hört man das an – auch wenn er bei ausgeschalteter Kamera oder am Telefon nicht zu sehen ist.

Mit mehr Achtsamkeit für sich selbst und für Ihr Gegenüber bemerken Sie schnell, ob Ihre Körperspannung und -haltung harmonieren oder ob Sie sich lieber bewusst lockern und aufrichten wollen.

Im nächsten Abschnitt finden Sie unter den Stimmgabel-Übungen auch eine dazu und mit ihr heraus, wie hoch oder tief Ihre natürliche Stimme liegt.

Übungen

»Hand drauf!«: Atemübung
Dauer: 15 min, im Liegen

- Stellen Sie eine Eieruhr auf 15 min. Legen Sie sich lang ausgestreckt auf den Rücken. Platzieren Sie Ihre Hände so, dass die entspannt gespreizten Finger unter dem Rippenkorb ruhen und sich die Spitzen der Mittelfinger in der Nähe Ihres Bauchnabels treffen. Nun atmen Sie absichtslos und ohne aktives Steuern ein und aus. Beobachten Sie interessiert, was Sie spüren und denken. Lassen Sie sich nicht durch Ihre eigenen Bewertungen Ihrer Atemqualität verunsichern. Gerade gibt es nichts zu tun. Liegen und atmen – das war's schon.
- Im zweiten Schritt atmen Sie sehr bewusst ein. Die Hände gehen mit der Bauchdecke nach oben, die Fingerspitzen berühren sich nicht mehr. Atmen Sie konzentriert aus. Die Hände sinken und die Fingerspitzen kommen nun wieder zusammen. Ihre Schultern und Ihre Brust bewegen sich kaum. Achten Sie darauf, dass Sie hier weder die Arme anspannen noch die Finger bewusst steuern.

Atmen Sie auf diese Weise weiter, bis der Wecker klingelt. Wie fühlen Sie sich? Wunderbar, Sie haben gerade etwas für sich und nebenbei auch indirekt für Ihre Stimme getan.

»Muh 1«: Entspannungsübung für die Stimme
Dauer: 10 min, im Sitzen

Stellen Sie sicher, dass Sie nicht gestört werden. Setzen Sie sich bequem, aber gerade auf einen Stuhl. Ihre Füße stehen im rechten Winkel flach auf dem Boden. Atmen Sie ein und dann mit einem beherzten »Muh« aus. Lassen Sie während des Ausatmens Ihr Gesäß gedanklich noch mehr Platz auf der Sitzfläche einnehmen. Wiederholen Sie das einige Minuten und entspannen Sie.

»Muh 2«: Finden Sie mit dieser Übung Ihre natürliche Stimmhöhe heraus

- Gehen Sie zunächst wie bei »Muh 1« vor. Statt des Tierlauts summen Sie einfach mit geschlossenem Mund einen beliebigen Ton. Wiederholen Sie das einige Male. Sprechen Sie nun ein paar Sätze und nehmen Sie sich mit Ihrem Smartphone oder einem Aufnahmegerät auf. Sie hören Ihre natürliche Tonlage.
- Gehen Sie nun zum Start der »Muh 1«-Übung zurück. Nach einigen Malen summen Sie wieder. Anschließend nehmen Sie die Sätze erneut auf. Vergleichen Sie beide Aufnahmen. Hören Sie schon, dass Ihre Stimme tiefer und entspannter klingt?
- Trainieren Sie Ihre Sprechatmung: Mit »Muh 1« und »Muh 2« können Sie üben, den Bauch zu entspannen und den Mund einfach zu öffnen, um die Lunge natürlich aufzufüllen. Lassen Sie ein leises »Muuuh« ertönen, bis Ihre Bauchdecke eingezogen ist und Sie vollkommen atemleer sind. Dann öffnen Sie den Mund. Die Bauchdecke weitet sich, Ihre Lunge füllt sich wieder.

»Wie die Luft zum ... Sprechen«: Vollständig ausatmen tut Ihrer Stimme gut
Dauer: 2 min

- Setzen Sie sich bequem mit aufrechtem Rücken hin und stellen Sie die Füße flach auf den Boden. Legen Sie Ihre Hände auf Taillenhöhe an beide Seiten Ihres Körpers. Atmen Sie vollständig aus und ziehen Sie die Bauchdecke dabei ein. Gegen Ende des Ausatmens geschieht das meist ganz von allein.
- Entspannen Sie die Bauchdecke sofort wieder. Halten Sie dabei den Mund geöffnet. Ohne Ihr Zutun strömt nun die Luft zurück in Ihre Lunge.

»Der freudige Schreck«: eine Übung zum richtigen Einatmen aus dem Gesangsunterricht
Dauer: 1 min

- Tun Sie so, als seien Sie angenehm erschrocken über etwas. Merken Sie, wie schnell Sie Luft mit einem kurzen »Haaah«-Laut einatmen?
- Machen Sie nun genau dasselbe noch einmal, allerdings geräuschlos. Öffnen Sie nur den Mund und lassen Sie die Luft ohne weiteres Zutun einströmen.

»Lockerlassen«: Entspannen Sie Ihr Zwerchfell
Dauer: 10 min

- Um Ihr durch vieles Sitzen angespanntes Zwerchfell zu lockern, eignet sich folgende Übung: Legen Sie sich gemütlich ausgestreckt auf eine Matte. Platzieren Sie nun eine Faszienrolle oder PET-Flasche genau auf die Stelle, an der sich Ihre Rippenbögen treffen. Drücken Sie vorsichtig und atmen Sie so, dass Sie den Druck der aufrechten Rolle oder des Flaschenbodens leicht spüren. Die Stelle ist bei vielen von uns sehr empfindlich. Gehen Sie behutsam vor.
- Atmen Sie so entspannt wie möglich weiter gegen den leichten Widerstand. Sie können die Rolle oder die Flasche nun ein wenig in Richtung Ihres Oberkörpers kippen. Bemerken Sie, was sich verändert? Nach einer Weile stellen Sie vermutlich fest, dass sich etwas löst und der Schmerz nachlässt. Wiederholen Sie die Übung jeden Tag, um Ihrem Zwerchfell und damit Ihrer Stimme etwas Gutes zu tun.

Nun verstehen Sie besser, wie Sie den Atem vertiefen können, um seine Rolle in der Stimmbildung optimal zu spielen. Dabei wird das Zwerchfell in eine tiefe, lange Bauchatmung einbezogen, die Ihnen nicht nur zu einer kräftigen und gut verankerten, projizierenden Stimme verhilft, sondern Sie auch geistig entspannt. Ihre ideale Körpertonalität trägt zu einem guten Stimmapparat bei, wenn sie die Balance zwischen zu angespannt und zu schlaff findet. Dort kann Ihre Stimme am besten entstehen.

So klingt unsere Stimme für andere 3

Im letzten Kapitel haben wir uns angeschaut, wie und wo unsere Stimme im Körper entsteht. Sie haben außerdem erste Übungen kennengelernt, diese Bereiche gezielt anzusprechen.

Interessanterweise sind wir selbst die einzigen, die unsere eigene Stimme genau kennen: Wir hören sowohl die Vibration im Brustkorb als auch ihren Klang, der von außen an unser Ohr dringt. Unser Gegenüber nimmt naturgemäß nur Letzteres wahr. Hören wir auf einer Sprachmemo oder anderen Aufnahme das erste Mal, was andere hören, erkennen wir uns oft kaum wieder. Manchem ist die eigene Stimme dann unangenehm fremd. Falls Sie zu diesen Leuten gehören: Es geht vielen Menschen so. Je öfter Sie sich selbst lauschen, desto normaler klingen Sie für sich selbst. Wenn Sie sich so hören, bleiben Sie freundlich, aber auch kritisch: Was möchten Sie stimmlich verändern, um auch für andere noch besser zu klingen?

Wie Menschen uns hören, beeinflusst (im Zusammenspiel mit unserer Körpersprache) auch stark unsere Wirkung. Der Klang unserer Stimme macht auf unsere Zuhörer häufig größeren Eindruck als der genaue Inhalt des Gesprochenen.

Hoch oder tief

Die Forschung zeigt, dass unsere Stimme in ihrem oberen Bereich liegt, wenn wir mit Kindern und Tieren oder Menschen kommunizieren, deren Status wir als »höher« einschätzen. Unsere Stimme signalisiert dann: »Von mir droht keine Gefahr. Alles ist gut.« Manche neigen bei Unsicherheit und Unterlegenheitsgefühlen dazu, höher zu sprechen, als sie es normalerweise tun.

Sicher haben Sie schon gehört, dass tiefe Stimmen mit Selbstsicherheit und Souveränität assoziiert werden. (Was im Umkehrschluss bedeuten würde, dass es für Frauen grundsätzlich schwieriger wäre, souverän zu wirken.) Diese Annahme dient entsprechend häufig als Begründung dafür, dass Frauen in großen Sitzungen manchmal Mühe haben, sich Gehör zu verschaffen. Aber ist hier allein die Stimmhöhe verantwortlich?

»Iron Lady« Margaret Thatcher ist ein prominentes Beispiel dafür, dass sich eine hohe Stimme, Selbstbewusstsein und Durchsetzungskraft nicht ausschließen. Kein Mensch hätte der britischen Staatschefin jemals Selbstsicherheit und Kraft abgesprochen.

Schwach oder stark

Nach meiner Erfahrung spielt es keine Rolle, ob Sie, biologisch betrachtet, eine hohe oder eine tiefe Stimme haben. Dreh- und Angelpunkt ist viel eher: Wie entspannt und gleichzeitig voll klingt sie? Auch sehr hohe Stimmen haben, wie erwähnt, ein Spektrum. Ist die Sprecherin oder der Sprecher (denn es gibt auch Männer, die hoch sprechen) sehr unruhig, aufgeregt oder wütend, dann kann die Stimme schwach oder schrill klingen. Ist derselbe Mensch ruhig und stimmlich gut aufgestellt, dann empfinden wir seine Stimme (im Rahmen des Möglichen) als tiefer, stärker und klarer.

Was können Sie in Stresssituationen für Ihre Stimme tun?

- Bewegen Sie sich. Stramm spazieren, joggen, schwimmen: Die angestaute Energie fließt wieder und die gleichmäßig ablaufende Koordination harmonisiert. Sie gelangen in einen wachen und gleichzeitig entspannten Zustand. Laufen Sie vor einem wichtigen Meeting oder einer Präsentation ein paar Meter. Nehmen Sie die Treppe, statt von der Tiefgarage in den Aufzug zu steigen. Je nach Fitnesszustand taugt dieser Tipp allerdings nicht für Treffen im zehnten Stock.
- Haben Sie die Möglichkeit, einen vertrauten Menschen zu umarmen, ein Tier zu streicheln oder wenigstens jemandem herzlich die Hand zu schütteln? Unser Körper reagiert umgehend auf Körperkontakt. Das »Kuschelhormon« Oxytocin senkt den Spiegel des Stresshormons Cortisol. Wir beruhigen uns und das macht sich umgehend in unserer Stimme bemerkbar.
- Entspannen Sie die Stimme. Die bereits beschriebenen Trainings helfen Ihnen dabei.

Welche Übung Sie außerdem in Ihren Tag einbauen können, damit andere Ihre Stimme entspannter und damit tiefer und souveräner wahrnehmen, das zeige ich Ihnen im Folgenden.◄

Übungen

»Aufwärmen«: Bringen Sie Ihre Stimme auf Betriebstemperatur
Dauer: 10 min

Keine Läuferin startet unaufgewärmt in ein Rennen. Bereiten Sie sich also auch auf wichtige Gespräche, Präsentationen und Reden vor. Schließen Sie die Tür von innen. Lassen Sie sich nicht verunsichern, wenn andere sich über lustige Geräusche wundern. Erklären Sie, dass Sie gerade dieses Buch lesen und etwas ausprobieren wollen.

Ihre Lippen, Zunge, Ihren Wangenraum und Brustkorb bringen Sie mit folgendem Ablauf in Bestform:

- »BR BRR BRRR« Erinnern Sie sich, wie Sie als Kind ein Autogeräusch nachgeahmt haben. Die Lippen bleiben locker, die Luft kann entweichen. Heben Sie abwechselnd die Schultern und lassen Sie sie dann wieder fallen.
- »PSSSSSS« Bringen Sie Zeigefinger und Daumen in jeder Hand zusammen und ziehen Sie beim Ausatmen ein imaginäres Gummiband diagonal auseinander. Strecken Sie dabei Ihre Arme und öffnen Sie Ihren Brustkorb ganz weit. Wechseln Sie die Seite und gehen Sie in die andere Diagonale.
- »TOCK« Klopfen Sie Ihren ganzen Körper vom Kopf bis zu den Füßen ab und sagen Sie bei jeder Berührung »TOCK«.
- »PA, TUFF, TUFF, TUFF, PA, PA« Finden Sie einen Rhythmus, der Sie inspiriert und nutzen Sie ihn, um intensiv Ihre ganze Gesichtsmuskulatur zu aktivieren. Tun Sie so, als wollten Sie jemanden in diesem Rhythmus ansprechen.
- »AHHHHH« Seufzen Sie ausatmend durch den Mund. Bewegen Sie dabei Ihre ausgestreckten Arme nach hinten, als würden Sie im Wasser rückenkraulen.
- »A, E, I, O, U« Wiederholen Sie die Vokale laut, leise und wieder laut.

»Blubbern«: für eine entspannte, tiefere Stimme
Dauer: 2–3 min mehrmals am Tag bringen Ihre Stimme in Bestform
Was Sie brauchen: einen Silikonschlauch, den Sie für einen kleinen Betrag im Internet bestellen können. Suchen Sie unter folgenden Stichworten: Laxvox, Stimmtraining, Silikonschlauch, Blubberschlauch. Wählen Sie das 33–35 cm lange Original.

- Tauchen Sie das Ende des Schlauches etwa drei bis vier Zentimeter in ein mit Wasser gefülltes Glas. Hier gilt: Je tiefer der Schlauch eintaucht, desto effektiver ist die Übung.

- Umschließen Sie mit den Lippen das andere Schlauchende. Halten Sie das Glas auf Brusthöhe und versuchen Sie, Ihr Kinn parallel zum Boden zu halten. Nacken und Hals sollten also nicht »abknicken«.
- Atmen Sie nun durch die Nase ein und mit einem »Uhh« geräuschvoll durch den Mund aus: Das Wasser beginnt, kleine Blasen zu werfen.

Blubbern Sie vor einer Präsentation. Mit einer entspannten und damit tieferen Stimme erreichen Sie Ihre Zuhörer stimmlich und damit auch inhaltlich sehr viel besser.

Diese Übung hilft Ihnen besonders, wenn Sie zu einer angespannt klingenden Stimme oder zur Heiserkeit neigen.

Die Stimmlage – hoch oder tief – ist bei jedem Menschen gegeben. Und doch können Sie beeinflussen, ob Ihre hohe Stimmlage entspannt oder gestresst klingt. Der Zuhörer wird Sie entweder als selbstbewusste oder als unsichere Person wahrnehmen. In diesem Kapitel lade ich Sie dazu ein, Ihre Stimme und Ihre Tonhöhe besser kennenzulernen und zu akzeptieren und gleichzeitig die Stimme zu entspannen, damit sie einen starken Eindruck hinterlässt.

So wirkt die Stimme 4

Die Kardinalsünde des Redens ist: langweilig zu sein. Wenn Sie mit einer monotonen Stimme sprechen, deren Tonfall, Betonung oder Geschwindigkeit kaum variiert, werden Sie keine Verbindung herstellen und Ihr Publikum höchstwahrscheinlich einschlafen lassen. Und wenn Sie zu schnell oder im gleichen Tempo sprechen, könnte das gleiche Ergebnis eintreten. Die meisten Maschinen „sprechen" heute noch in dieser Art von andauernder Gleichheit.

Es ist wahrscheinlicher, dass Sie die Aufmerksamkeit Ihres Publikums behalten und eine Verbindung zu ihm aufbauen, wenn Sie Ihre Stimme auf natürliche Weise variieren. In diesem Kapitel lernen Sie, wie Sie mehr Melodie – auch Prosodie genannt – in Ihre Stimme bringen und Wörter so betonen, dass ihre Bedeutung leicht zu erkennen ist. Sie werden lernen, wie Sie die Klangform Ihrer Sätze modulieren und das Tempo Ihrer Rede einschließlich der Pausen steuern können, um mehr Wirkung zu erzielen und Ihrem Publikum zu helfen, die Bedeutung Ihrer Äußerungen mit voller Aufmerksamkeit zu erfassen.

Erinnern Sie sich an die Vorlesezeit in Ihrer Kindheit? Die vertrauten Stimmen klangen beim Vorlesen auf einmal anders und wenn Ihr Vater, Ihre Oma oder Ihre Lieblingserzieherin Spaß am Schauspielern und Imitieren hatten, dann wurde aus dem Buch ein Hörspiel. Bewusste Bewegungen in der Stimme, Pausen, die Veränderungen von Tonlage und Geschwindigkeit zogen Sie in Ihren Bann oder brachten Sie zum Lachen.

Melodie in die Stimme bringen

Für solch eine kleine Privataufführung konzentrieren Vorlesende sich bewusst auf ihre Sprachmelodie. Ein roboterartiges Gleichbetonen desselben Textes hingegen und die Figuren und ihr Schicksal hätten Sie kaum interessiert. Monotonie in der Stimme signalisiert unserer persönlichen Spracherkennung alters- und kontextunabhängig: »langweilig, lohnt sich nicht«.

Im normalen Alltag und Berufsleben achten Menschen selten bewusst auf die Melodik beim Sprechen. Wenn Sie zu diesen Leuten gehören, beobachten Sie bei der nächsten Gelegenheit, wie Sie und wie andere reden. Ein angenehmes, moderates Auf-und-Ab verleiht allem Gesprochenen mehr Ausdruck und bewirkt, dass andere uns und wir anderen lieber zuhören.

Diese Tatsache sollten wir gerade beim Deutschsprechen im Blick haben. Es hört sich für Nicht-Muttersprachler oft hart und streng an. Trotzdem haben wir einige Möglichkeiten, genau diese Anmutung zu verändern und unsere Stimme im Rahmen des Möglichen etwas weicher und melodischer klingen zu lassen.

Im Wesentlichen entscheiden das Betonungssystem, die Menge an Konsonanten, der Ort, an dem die Vokale gebildet werden, die Höhen und Tiefen und die Silbenstruktur, wie Gesagtes klingt.

Wie bereits im »Atem«-Kapitel erwähnt, spielen Geschwindigkeit und Menge der entweichenden Luft bei der Stimmproduktion insgesamt eine Rolle. Beim Aussprechen von Buchstaben wie k, p, t wird der Atemluftstrom gehemmt, die akustische Reichweite ist gering. Vokale wie a, e, i, o, u werden zwar an unterschiedlichen Stellen im Mundraum gebildet – beispielsweise u hinten und a vorne

–, aber ohne das Hemmen des Luftstroms gesprochen. Sie klingen immer weiter und klarer als die Konsonanten.

Ohne zu tief auf die Wirkung und den Klang unterschiedlicher Sprachen einzugehen: Das Deutsche wartet mit Unmengen an Konsonanten auf, die Vokale oft geradezu umstellen. Das führt dazu, dass wir Silben eher langsam aussprechen müssen. Unsere Sprachmelodie ist außerdem weniger ausgeprägt.

Lesen Sie einmal diese beiden Sätze laut:

- »Die tägliche Strumpfkontrolle stärkt die Disziplin.«
- »Die Schneeeule und der Wal lieben das freie Leben.«

Merken Sie, wie sich im Vergleich der Klang und der Ort der Klangproduktion und die Öffnung Ihres Mundes unterscheiden?

Gerade wenn Sie beruflich international unterwegs sind: Ihre Sprachmelodie hat einen riesigen Einfluss auf Ihre Wirkung auf Anderssprachige. Da Sie wissen, dass das Deutsche zur Härte neigt, bringen Sie Ihre Stimme mit ein paar einfachen Interventionen mehr zum Schwingen. Vielleicht probieren Sie bei der nächsten Präsentation dazu folgende vier aus?

- Variieren Sie Satzlängen. Kurz, kurz, länger oder länger, länger, kurz: So entsteht ein angenehmer Rhythmus.
- Fesseln Sie Ihre Zuhörerinnen und Zuhörer, indem Sie mal langsamer und mal schneller sprechen und kleine Pausen einlegen.
- Wenn es Ihnen liegt, bauen Sie regelmäßig rhetorische Fragen ein: Ihre Stimme hebt sich immer wieder automatisch. Warten Sie kurz und sprechen Sie erst dann weiter.
- Verwenden Sie viele starke Verben und verzichten Sie, wann immer es geht, auf Wörter mit den Endungen -heit, -keit und -ung. Sie lassen Ihre Wortbeiträge förmlich klingen.

Eine Möglichkeit, Sinn und Melodie zu beeinflussen, liegt immer auch im Betonen bestimmter Wörter oder Satzteile.

Betonen

Nehmen wir den Satz »Ich bin da für Dich.« und schauen ihn uns an. Werden alle Wörter gleich ausgesprochen, ist die Aussage freundlich und sachlich. Was geschieht, wenn wir einige Wörter unterschiedlich betonen?

- »**ICH** bin da für Dich.« (»Ich schon, aber was ist mit den anderen?« oder »Und was ist mit Dir? Bist Du für mich da?«)
- »Ich **BIN DA** für Dich.« (»Glaub es mir, nicht gestern, nicht morgen, jetzt gerade!«)
- »Ich bin da **FÜR DICH**.« (»Nicht für irgendjemanden. Für Dich!«)

Wie Sie hier sehen, bietet uns das Betonen eines Wortes eine Möglichkeit, die Wirkung und damit auch die Bedeutung unseres Satzes zu verändern.

Vielleicht trauen Sie sich auch und fragen einen ehrlichen, wohlwollenden Menschen: Betone ich angenehm, gekünstelt oder spreche ich zu monoton?

Eine völlig variantenarme, gleichförmige Betonung bei gleichbleibender Sprechgeschwindigkeit wirkt auf Ihr Gegenüber einschläfernd. Dieser völlig unbetonte Ausdruck eignet sich nur, wenn Sie tatsächlich jemanden beruhigen möchten.

Hören Sie sich ab und zu selbst zu: Betonen Sie die Wörter, die das Gemeinte hervorheben? Gewöhnen Sie sich an, sich die Wirkung Ihrer Stimme und Inhalte bewusst zu machen. Wie klingen Sie für sich selbst? Vorwurfsvoll oder eher freundlich und klar? Sie werden sehen, dass Sie mit bewusstem Betonen weniger erklären müssen und erfolgreicher kommunizieren. In Präsentationen bietet es eine sehr gute Möglichkeit, die Aufmerksamkeit auf besonders wichtige Inhalte zu lenken.

Hierzu ein Beispiel aus der Praxis: Ein Klient bereitete im Rahmen eines Stimmcoachings mit mir eine kurze Rede an sein Team vor. Er wollte sich nach einem erfolgreichen Projekt bedanken und seine Leute für ihren Einsatz loben. Seine Stimme klang bei unserer Probe zunächst im wahrsten Sinne des Wortes mono-Ton. Ich bat ihn, seine Emotion etwas klarer zum Ausdruck zu bringen, doch nichts veränderte sich. Also fragte ich ihn, ob er beim Aussprechen von »danke« eine Handbewegung einbauen könne. Während er das übte, bemerkte er, dass er das Wort tatsächlich mehr betonte. Mithilfe der Geste konnte er seine Emotion zum Ausdruck bringen.

Es gibt noch eine weitere Option, Einfluss auf die Betonung und damit auf die Wirkung zu nehmen. Hier kommt sie:

Phrasenbogen beachten

Eine Phrase, also die melodisch-rhythmische Einheit innerhalb eines Satzes, beschreibt immer einen Bogen. Je nach Sprecherintention endet er an unterschiedlicher Stelle. Bei einem Aussagesatz senken wir unsere Stimme, der Bogen zeigt nach unten. Bei einer Frage geht unsere Stimme abschließend hoch, der Bogen endet weiter oben.

Menschen, die auch Aussagesätze in der Schwebe enden lassen, wirken unentschieden. Ihre Aussage verwischt. Durch die Satzstruktur wird zwar klar, dass es sich um eine Aussage handelt; durch das Nicht-Beachten des Bogens klingt das Ganze trotzdem wie eine Frage. Dieser Widerspruch verwirrt den Zuhörer.

Aus der Aufforderung »Lass uns essen gehen.« wird dann nur durch ein Heben der Stimme am Ende des Satzes »Lass uns essen gehen?« eine Frage, die keine ist und Unsicherheit signalisiert.

Nehmen Sie einmal Ihre Hand zur Hilfe und beschreiben Sie eine Linie, während Sie sprechen. Bei einem Aussagesatz fällt die Tonhöhe zum Ende. Bei einem Fragesatz hingegen steigt sie, häufig sogar über das Anfangsniveau. Denken Sie also tendenziell an Berg und Tal, wenn Sie Ihre Stimme für einen Aussagesatz (Tal) oder einen Fragesatz (Berg) modulieren.

Geschwindigkeit regulieren und Pausen einlegen

Kennen Sie Menschen, die ohne nennenswerte Pausen durch ihre Wortbeiträge und Präsentationen galoppieren? Vielleicht ist es Ihnen aber auch schon an sich selbst aufgefallen, dass Sie ohne Punkt und Komma gesprochen haben?

Häufig korrelieren das Gefühl von (Selbst-)Sicherheit und die Zeit, die wir uns für unseren Wortbeitrag nehmen. Menschen, die beim Sprechen Pausen einlegen, zeigen, dass sie sich der Situation gewachsen fühlen. Wenn wir uns allerdings inhaltlich unsicher oder unserem Gegenüber unterlegen fühlen, wenn wir aufgeregt oder in Eile sind, dann neigen wir zu erhöhter Sprechgeschwindigkeit. Wir haben dann Sorge, dass uns das Wort entzogen wird oder unser Beitrag »nicht reicht« oder »nicht gut genug« ist.

Sollten Sie einmal in solch einer Situation sein, halten Sie kurz inne. Zwingen Sie sich bewusst zum langsameren Sprechen und zum Einsatz kleiner Unterbrechungen. Auch wenn es schwerfällt: Pausen sind elementar wichtig für unser Gegenüber. Nur mit dieser Lücke entsteht ein Raum, um das Gesagte aufzunehmen und zu verarbeiten. Ich empfehle Ihnen, sich also bewusst (einen) ZeitRaum zu nehmen. Wenn Sie vor Ihrem Gegenüber – der Situation angemessen – über Ihre Zeit verfügen, beanspruchen Sie damit in angenehmer Selbstsicherheit Raum für sich und für das, was Sie zu sagen haben.

Sie möchten, dass man Ihnen zuhört? Dann setzen Sie Pausen innerhalb Ihrer Sprechzeit bewusst ein:

- nach einer wichtigen Aussage
- nach einer Frage
- nach einer Zusammenfassung
- vor einem Themenwechsel

Sprechen Sie erst dann weiter. Allerdings: Dauert die Pause zu lang, interpretiert Ihr Gegenüber das als »turn take« und wird das Wort ergreifen. Das kann in einem lebhaften Dialog zwar völlig in Ordnung sein, in anderen Gesprächssituationen allerdings dazu führen, dass Sie in einem wichtigen Moment unterbrochen werden.

Üben Sie gerade im beruflichen Umfeld, Pausen als Gestaltungsmittel von Beiträgen einzusetzen. Lassen Sie zwei Sekunden Zeit nach einer Sinneinheit, einem natürlichen Absatz in Ihrem Redebeitrag, verstreichen. Mit einer Pause von vier Sekunden bleibt genug Zeit, damit das Gesagte bei Ihrem Gegenüber »sacken« kann. Sie unterstreichen damit die Wichtigkeit Ihrer Aussage und fordern zum Mitdenken und Einfühlen auf.

Mit unterschiedlichen Geschwindigkeiten und Pausen können Sie also die Qualität Ihrer Interaktion positiv beeinflussen. Eine kurze Stille in Gesprächen führt zu mehr Ruhe und damit zu mehr Tiefe in der Kommunikation. Vielleicht fühlt sich Ihr Gegenüber eingeladen, die Pause zu füllen und offenbart damit Informationen, die sonst ungesagt bleiben würden.

Halten wir bis hierher fest: Die Art, wie wir unsere Stimme modulieren und mit Pausen umgehen, lässt sie wirken und erst das, was wir ausdrücken wollen, beim Gegenüber ankommen. Gerade für das häufig wenig klingende Deutsch eignet sich der natürliche, ungekünstelte Einsatz dieser stimmlichen Mittel. Wie bei allem, hilft hier nichts mehr als Praxis. Üben Sie im privaten Kontext, lesen und betonen Sie Gedichte oder sprechen Sie hin und wieder mit sich selbst.

Übungen

»Tempo«
Dauer: 10–15 min
Was Sie brauchen: dieses Buch oder einen Kommentar aus einer Zeitung.

Idealerweise liegt die Menge an gesprochenen Wörtern bei 110–130 pro min. In diesem Tempo kann uns unser Gegenüber normalerweise folgen und aufnehmen, was wir sagen.

Um Ihre eigene Sprechgeschwindigkeit zu testen, lesen Sie den folgenden 130 Wörter langen Text in Ihrem normalen Tempo laut.

Heute ist der Himmel grau, es regnet und es ist sehr kalt. Ich mag diese Tage nicht so sehr. Meine Lieblingstage sind solche, an denen die Temperatur zwischen 25 und 30 Grad Celsius beträgt und der Himmel blau und wolkenfrei ist.

An solchen Tagen gehe ich gerne an die frische Luft und mache Sport. Als Sportarten mag ich solche, die eher dynamisch sind. Ich laufe gerne, fahre gerne Rennrad und schwimme am liebsten im Freibad. So sind das gute Wetter und die Wärme am besten zu genießen. Um mich vor der Sonneneinstrahlung zu schützen, trage ich eine Sonnencreme mit hohem Sonnenschutzfaktor auf.

Da ich den Sport auch an Tagen mit schlechterem Wetter ausüben möchte, gehe ich bei Regen in ein Fitness-Studio. Aber das ist leider nur halb so schön.

- Verändern Sie beim Lesen nicht Ihre übliche Sprechgeschwindigkeit, reden Sie so natürlich wie möglich. Stoppen Sie die Zeit. Wie lange brauchen Sie? Ist es mehr oder weniger als eine Minute?
- Wenn Sie deutlich langsamer oder deutlich schneller sprechen, unter- oder überfordern Sie Ihr Gegenüber.
- Starten Sie erneut: Versuchen Sie diesmal, mit der Zeit auszukommen. Registrieren Sie, in welche Richtung Sie Ihre Sprechgeschwindigkeit in Zukunft verändern wollen.

»Schreibprogramm«
Dauer: 10–15 min.

Was Sie brauchen: dieses Buch oder einen Kommentar aus einer Zeitung.

Für schriftliche Texte bieten Ihr Textverarbeitungsprogramm und die Satzzeichen diverse Möglichkeiten, etwas hervorzuheben. Übertragen Sie jetzt einige davon auf Ihre gesprochene Sprache.

- **fett** = ein Wort mit Nachdruck oder lauter sprechen
- unterstrichen = mehrere Wörter hintereinander betonen
- ? = die Stimme geht nach oben bei Fragen und rhetorischen Fragen
- ! = mit fester Stimme sprechen

- kursiv = sanfter reden
- . = Satzende/Pause
- Absatz = längere Pause
- gesperrt = Tempo rausnehmen, langsamer werden
- (Klammern) = eine Phrase innerhalb eines Satzes etwas schneller und leiser sprechen als den Rest
- farbig unterlegt = unterschiedliche Farbtöne für mehr oder weniger Wärme in der Stimme
- 1.) 2.) 3.) = Inhalte strukturieren. Helfen Sie Ihrem Publikum, indem Sie Ihre Argumente oder Fakten in drei bis maximal zehn Abschnitte fassen und die Zahl nennen: erstens ..., zweitens ..., drittens ...

Lesen Sie einen Kommentar aus der Zeitung oder einen Abschnitt aus diesem Buch laut. Probieren Sie spielerisch aus, was die einzelnen Variationen bewirken. Wie klingt es, wenn Sie mehr Pausen einlegen, die Geschwindigkeit drosseln oder erhöhen oder einzelne Aussagen bewusster mit Gefühl lesen?

»Kurve kriegen«: das Höhenprofil Ihrer Stimme
Dauer: 5–10 min.
 Was Sie brauchen: ein Blatt, einen Stift, Ihr Smartphone oder ein Aufnahmegerät.
 Wie das Höhenprofil einer abwechslungsreichen Landschaft braucht auch Ihre Stimme eine harmonische Folge von Auf und Ab.

- Lesen Sie eine Textseite Ihrer Wahl und nehmen Sie sich mit Ihrem Smartphone auf. Hören Sie sich anschließend selbst zu. Notieren Sie, ob Ihnen bereits etwas an Ihrem Vortrag auffällt.
- Hören Sie nun den Text ein zweites Mal an und zeichnen Sie auf ein Blatt, wie sich Ihre Stimme in der Tonhöhe verändert. Geht Ihre Stimme hoch? Zeichnen Sie einen Bogen nach oben. Fällt Ihre Stimme? Führen Sie den Bogen nach unten. Sie brauchen den Stift nicht abzusetzen, gehen Sie einfach mit dem mit, was Sie hören. Ist die Zeichnung eine fast waagerechte Linie ohne nennenswerte Ausschläge, dann zeigt

> das, dass Ihre Stimme vielleicht noch ein paar Impulse aus dem letzten Kapitel vertragen kann.
> - Sie haben Schwierigkeiten, Tonhöhen und -tiefen als Profilzeichnung aufs Papier zu bringen? Schauen Sie sich, während Sie aufnehmen, die angezeigte Frequenz an. Wie stark variieren die Ausschläge? Die Linie ist mal dicker und mal dünner, bei einer starken Betonung werden die Ausschläge entsprechend deutlich sichtbar. Gibt es hier kaum Abweichungen nach oben oder unten, bedeutet das: Hier wartet ein bisschen Arbeit auf Sie, die sich in jedem Fall lohnen wird.

> **»Infrage stellen oder eine Frage stellen?«: kleine Selbstbeobachtung**
> Dauer: über einen Tag verteilt immer wieder.
> Hören Sie sich selbst in Gesprächen zu. Stellen Sie Ihre Fragen mit einem deutlichen Anheben der Stimme zum Ende? Oder stellen Sie Aussagen, die Sie treffen, indirekt infrage, weil Ihre Stimme nicht unten bleibt? Denken Sie heute in Gesprächen beim Formulieren von Frage- und Aussagesätzen immer wieder an »Berg« und »Tal«.

Dieses Kapitel befasste sich mit der stimmlichen Vielfalt. Neben der Tonhöhe, die wir im vorherigen Kapitel behandelt haben, geht es bei der stimmlichen Vielfalt um den Tonfall und die Melodie Ihrer Stimme, mit denen Sie Ihren Worten Bedeutung, Emotionen und Farbe verleihen. Stimmliche Vielfalt betont und unterstreicht die Worte, die Sie sprechen, und gestaltet bewusst Kongruenz: Phrasen, deren Form den Sinn der Worte unterstützen.

Stimmliche Vielfalt ermöglicht Tempo- und Rhythmuswechsel und setzt Pausen ein, um Spannung aufzubauen oder ein besseres Verständnis zu ermöglichen.

Zu viel und zu wenig 5

Füllwörter im weitesten Sinne sind Wörter oder Sätze, die ein Redner beharrlich verwendet, um sich auf sie zu stützen (als wären sie Krücken – im Spanischen heißen sie sogar „kleine Krücken" = Muletillas) und so seine Unsicherheit beim Sprechen oder seine Nervosität zu verbergen. Sie sind daher meist unnötig und eher störend.

Wie kleine Kieselsteine, die zunächst unbemerkt bleiben, machen sich Füllwörter aber nach und nach bemerkbar und verunreinigen schließlich die Botschaft, die der Sprecher vermitteln will. Auch nicht klar ausgesprochene Wörter können zu Ablenkung und dem Einsatz von Füllwörtern führen, weshalb gute Artikulation, die in diesem Kapitel ebenfalls angesprochen wird, wichtig ist.

Ob wir mit einem einzelnen Menschen reden oder vor einem Saal voller Leute sprechen: Das Interesse der anderen an unseren Wortbeiträgen ist endlich und ihre Aufmerksamkeitsspanne übersichtlich. In einer Welt, in der wir technisch-medial von Wörtern und Bildern geflutet werden, sind Filtern und Abschalten grundsätzlich nachvollziehbare Strategien, um den massiven Tagesinput einzudämmen.

Nun wollen wir allerdings trotzdem, dass man uns zuhört, und müssen daher das kleine Feuer der Aufmerksamkeit bei unserem »Publikum« immer wieder neu entfachen.

Das ist unter anderem ein Grund, um sich mit dem Thema Floskeln, Füllsel und Artikulation zu beschäftigen. In großer Zahl verwendet kosten die ersten beiden als akustische »Überbrücker« wertvolle Zeit, denn sie unterbrechen die Aufmerksamkeit des Sprechers und des Zuhörers. Mangelnde oder überdeutliche Artikulation lenken außerdem vom »Worum geht's?« ab. Auch sie verbrauchen kostbare Minuten ungeteilter Aufmerksamkeit.

Die meisten von uns haben mit mindestens einem der drei ein Thema.

Extras im Satz wie »halt«, »irgendwie«, »ähm« und »eigentlich« haben keine grammatische Aufgabe. Der Satz funktioniert auch ohne sie. Was sie ändern, ist die Wirkung des Gesagten. Füllwörter, Füllpartikel und fehlende Artikulation, aber auch Floskeln wie »nichts für ungut« oder »prinzipiell denke ich« schmälern und verwässern Aussagen und nehmen ihnen Kraft und Energie.

Manchmal lassen sie uns auch unentschieden und unsicher wirken oder als seien wir nicht bei der Sache. In Sätzen wie »Ich bin halt nachhause gegangen.« oder »Das ist halt so.« vermittelt das Füllwort Trotz oder Gleichgültigkeit. Bei »ganz ehrlich« hingegen könnte das Gegenüber zu Recht über den Wahrheitsgehalt der vorherigen Aussagen grübeln.

Floskeln, Füllwörter und -partikel

Um es festzuhalten, Füllwörter und -partikel können übersichtlich verwendet durchaus charmant und menschlich wirken. In großem Umfang ist ihr Nutzen allerdings zweifelhaft: Warum also verwenden wir sie dann fast alle? Es gibt diverse Gründe, warum wir sie unbewusst in unsere Wortbeiträge einbauen.
Wir

- sind nervös oder unachtsam.
- machen uns nicht klar, wie sie wirken und merken nicht, wie oft wir sie benutzen.
- verzögern mit ihnen, um Zeit für die richtigen Wörter zu finden.
- halten Stille nicht aus.
- füllen Pausen.
- haben sie liebgewonnen und uns an sie gewöhnt.
- sind zu träge zum Nachdenken und Floskeln kommen da gerade recht.
- wissen nicht, was wir sagen sollen.
- nutzen sie wie ein sprachliches »Anlauf nehmen«.
- wollen das Wort noch nicht abgeben und signalisieren mit ihnen: »Ich bin noch dran«.

Manchmal verwenden wir Füllwörter und -partikel aktiv, um Aussagen abzumildern (»Das ist ja schon schlimm.«) oder zu stärken (»Genau, so ist es.«).

Einer meiner Klienten flocht beispielsweise ständig »sozusagen« in eine Projekt-Präsentation, die er mit mir vorbereiten wollte. Er selbst bemerkte es nicht. Nach und nach kristallisierte sich heraus, dass das »sozusagen« eine Funktion hatte. Im Plenum sollte ein Vorgesetzter sitzen. Von dem nahm der Klient an, dass er sein Projekt als zu innovativ bezeichnen und nicht gutheißen würde. Als wir die Argumentationskette gemeinsam nachjustierten, konnte er selbstbewusster auftreten. Das abmildernde »sozusagen« wurde überflüssig und er verwendete es danach nur noch sparsam.

Beobachten ist die erste Möglichkeit, das Thema anzugehen. Welche Floskeln, Füllwörter und -partikel fallen Ihnen bei anderen im Job, in Talkshows, in Privatgesprächen auf? Bemerken Sie an sich selbst, welche Sie häufig benutzen? Bitten Sie jemand, der ehrlich und Ihnen wohlgesonnen ist, um eine Einschätzung. Welche Wörter verwenden Sie inflationär? Warum, denken Sie, ist das so?

> **Extra**
>
> Üben Sie die ersten Sätze einer Präsentation oder eines Vortrags, damit Sie nicht aus Unsicherheit mit einem »Ähm« oder »Ehm« beginnen. Der Anfang und das Ende gehören zu den entscheidenden Augenblicken Ihres Auftritts. Der erste Eindruck zählt, der letzte bleibt. Ein Füllpartikel in dieser sensiblen Phase Ihres Vortrags und Sie können weder Spannung aufbauen noch halten. Sie treffen nur ins Schwarze, indem Sie diese zentralen Sätze kurz, präzise und füllwörterfrei halten. ◄

Fehlende Artikulation

Störend wie die Häufung der beschriebenen Wörter und Laute, ist auch fehlende Artikulation. Sie entsteht durch zu schnelles Sprechen oder den achtlosen Einsatz unserer Sprechwerkzeuge, zu denen die Muskulatur um den Mund, unsere Zunge und die Organe zur Lautbildung gehören. Schauen wir uns das näher an.

Sagen Sie einmal mitten im Satz laut, bewusst betont und deutlich »äh« oder »öhm«. Vermutlich müssen Sie sich gut darauf konzentrieren und es fühlt sich nicht natürlich an. Nach meiner Beobachtung »bauen« viele Menschen Füllwörter und unbestimmte Laute in ihre Sprachbeiträge ein, weil sie nicht ausreichend artikulieren. Sie geben die Laute schneller von sich, als ihr Gehirn arbeitet.

Eine erste Möglichkeit damit umzugehen, ist also, deutlicher und langsamer zu sprechen.

Es hilft außerdem, insgesamt bewusster zu werden. Wenn Sie Ihre Lippen beispielsweise nur minimal trennen und mit kaum geöffnetem Mund sprechen, kann kein Resonanzraum entstehen. Die eigentlich unterschiedlich klingenden Vokale ähneln sich auf einmal und die Sprache klingt verwaschen.

Was können Sie unternehmen, wenn Sie bei sich den Hang zu Floskeln, Füllseln und lascher Artikulation beobachten?

Tag für Tag

- Lernen Sie Ihre Lieblingsfüllwörter kennen. Auch Ihre privaten Gespräche profitieren davon, wenn Sie weitgehend füllwortfrei kommunizieren. Fragen Sie andere oder hören Sie sich selbst zu. Ertappen Sie sich freundlich beim Verwenden. Es werden bald weniger.
- Legen Sie Pausen ein.
- Sprechen Sie langsamer.
- Bilden Sie kürzere Sätze.

- Öffnen Sie den Mund beim Sprechen.
- Stärken Sie Ihr Selbstwertgefühl. Nur so können Sie freundlich, aber klar mit anderen kommunizieren und brauchen Ihre Aussagen nicht mit Füllseln abzuschwächen.
- Hören Sie gut zu und lesen Sie viel. Sie weiten auf diese Weise Ihren Wortschatz und können während des Suchens nach dem passenden Wort auf Floskeln verzichten.

Vor und in Präsentationen

- Üben, üben, üben Sie das freie Sprechen und nehmen Sie dabei Füllwörter bewusst wahr.
- Nehmen Sie sich selbst auf, trainieren Sie vor dem Spiegel. Erst fühlt sich das unangenehm an, dann normal. Nach einer Weile werden Ihnen der Stoff und die Art, wie Sie ihn präsentieren, vertrauter.
- Proben Sie kurz vor der Präsentation nur ein bis zwei Mal, um sich mit der Technik und dem Raum vertraut zu machen. Während des Vortrags verzichten Sie selbstverständlich auf ein überbewusstes Steuern Ihres Ausdrucks. Sie klingen sonst nicht authentisch.
- Wählen Sie ein starkes letztes Wort. Vielleicht waren Sie schon mal in einem Konzert, bei dem es nach dem Verklingen der letzten Note ganz still war? Denken Sie an diesen magischen Moment.

Zum Schluss: Grämen Sie sich nicht, wenn Sie sich die Füllwörter nicht so recht abgewöhnen können. Die wenigsten Menschen sprechen wie gedruckt und auch in Texten, u. a. diesem, finden sich Füllwörter.

Ein moderates Verwenden von Füllwörtern und Füllpartikeln kann durchaus charmant, charismatisch und nahbar wirken. Alle 90 s können Sie sich also beim Sprechen ein kleines »Äh« oder »Ehm« leisten, ohne dass es problematisch wird.

Übungen

»Ähm, öhm, ehm«: Füllwortdetektor
Sie brauchen: ein Diktiergerät oder Smartphone

- Sprechen Sie für sich eine längere Nachricht in Ihr Smartphone und erzählen Sie sich selbst etwas zu einem Ereignis oder Thema.

- Wenn Sie aus diesem gesprochenen Text mit Ihrem Smartphone einen geschriebenen machen und das Dokument anschließend in eine Word Cloud stecken, dann sehen Sie, welche Wörter am häufigsten vorkommen. Geben Sie den Begriff »Word Cloud« in die Suchleiste ein und Sie finden im Netz viele Möglichkeiten.

»Ar-ti-ku-lie-ren«
Dauer: 2 min.
Sie brauchen: eine ruhige Ecke.
Sie werden häufig gebeten, Gesagtes zu wiederholen? Dann hilft diese Übung weiter. Ziehen Sie sich zurück. Sprechen Sie die Vokale A, E, I, O, U fünf bis zehn Mal hintereinander überdeutlich aus. Strengt Sie das an? Im Mundraum sind Muskeln (in-)aktiv, die wir trainieren müssen.

»Sprechers Liebling«
Dauer: 5 min.
Sie brauchen: einen Stift.
Jede und jeder mag ein anderes: Gehen Sie die kleine Liste der Füllwörter, Füllpartikel und Floskeln durch und identifizieren Sie Ihre »Favoriten«. Achten Sie in der kommenden Woche bewusst auf Ihre Wortwahl. Welcher Ausdruck oder Laut fehlt hier? Welchen wollen Sie sich abgewöhnen?
sozusagen – quasi – auch – halt – eben(t) – äh – öhm – irgendwie – einfach – mal – an und für sich – sehr – wirklich – und so weiter – hier – natürlich – eigentlich – eindeutig –fairerweise – im Endeffekt – ich denke – ich finde – ich würde meinen – genau – aber – insgesamt – echt – gewissermaßen – hier und da – am Ende des Tages – im Prinzip – letzten Endes – nichtsdestotrotz – ganz ehrlich – ehrlich gesagt – ehrlicherweise – vergleichsweise – möglicherweise – zugegebenermaßen – und überhaupt – im Grunde genommen – bestimmt – fraglos – ich sag mal – relativ – offenbar – übrigens – ja …

In diesem Kapitel haben Sie gelernt, wie der Einsatz von Füllwörtern und anderen unterbrechenden Sprachelementen reduziert werden kann, und wie durch Artikulation das, was ausgesprochen wird, klanglich deutlicher und klarer verständlich gemacht werden kann.

Gehört werden, ohne ein Wort zu sagen 6

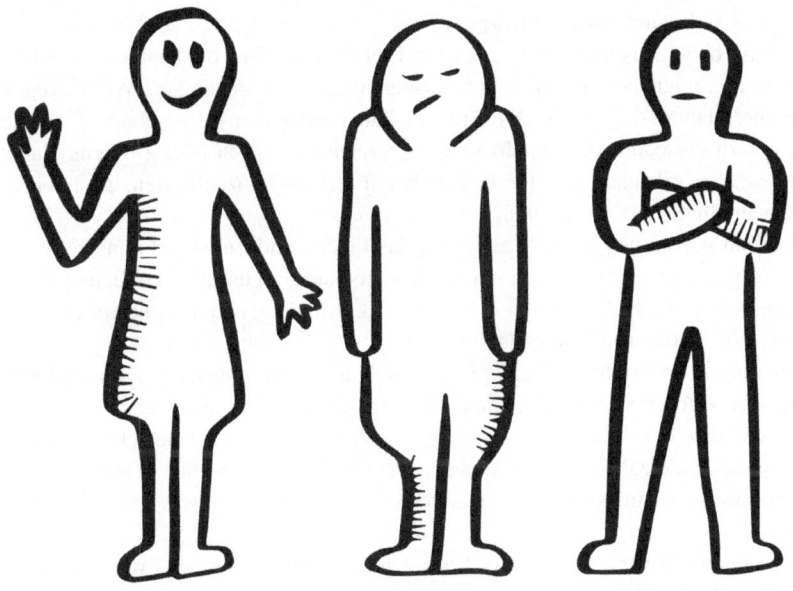

Führungspersönlichkeiten können manchmal ohne Worte mehr kommunizieren als mit ihnen. Was zählt, sind Haltung und Überzeugung. Nonverbale Signale sagen oft mehr aus, als Worte es je könnten. Leider werden nonverbale Signale allzu oft falsch eingesetzt. Sie lenken von der Botschaft ab, statt sie zu stützen.

Verantwortungsträger – je höher im Rang, umso mehr – müssen nicht nur auf ihre Worte achten, sondern auch auf ihre Körpersprache, ihre Mimik und Gestik und insgesamt auf ihr Auftreten und ihre Präsenz. Ansprechbare Menschen kommen besser an, sie zeigen eine Balance zwischen Souveränität und Durchlässigkeit. Die Menschen hören nicht nur auf das, was wir sagen, sondern auch darauf, wie wir uns verhalten, wenn wir es sagen. Dieses Kapitel wird die Bedeutung dieser Faktoren hervorheben.

»Lass Dich nicht hängen!«, »Kopf hoch«, »Der war so klein mit Hut«: Unsere Sprache zeigt, wie deutlich unser Körper nonverbal innere Zustände verrät. Ohne ein Wort zu sagen, kommunizieren wir. Und das andauernd. Samy Molcho, der Pantomime und Körpersprachexperte, beschreibt den Körper liebevoll als einen ehrlichen Schwätzer, einen, der immer ausplaudert, was gerade los ist. Ihm wird das Zitat zugeschrieben:»Jede innere Bewegung, Gefühle, Emotionen, Wünsche drücken sich durch unseren Körper aus.«

Dass diese Aussage stimmt, lässt sich einfach prüfen. Beobachten Sie Menschen in alltäglichen und beruflichen Situationen. Wie stehen sie? Wie bewegen sie ihre Hände? Legen sie ihre Stirn in Falten oder den Kopf schief? Sind die Schultern entspannt oder hochgezogen? Streichen sie sich häufig durchs Haar? Sie werden erkennen, ob Ihr Gegenüber in einem konzentrierten, gelassenen, nachdenklichen oder angestrengten Zustand ist.

Wenn wir in diesem Buch also über das Finden und Entwickeln unserer eigenen Stimme sprechen, müssen wir die Körpersprache in unsere Überlegungen mit einbeziehen. Sie bildet erst mit Mimik, Gestik, Kleidung und Stimme ein Gesamtbild. Wie harmonisch und glaubwürdig dieses Zusammenspiel ist, entscheidet über unsere Wirkung auf andere und auch über unser eigenes Wohlbefinden. Für eine erfolgreiche Kommunikation zählt, dass andere nicht lange überlegen müssen, ob sie sich auf unsere nonverbale oder besser verbale Botschaft konzentrieren sollen, die offen ausgesprochene oder die körpersprachlich kommunizierte. Idealerweise stimmt unsere Körpersprache mit dem überein, was und wie wir es sagen.

Nun können wir uns auf unser Sprechen so konzentrieren, dass wir es steuern. In Sachen Körpersprache funktioniert das nicht. Wir senden und senden ohne Unterlass und das meist unbewusst. Unsere Körpersprache in einer Situation zu 100 % zu beherrschen und gleichzeitig authentisch und entspannt zu wirken, ist unmöglich. Ein Pokerspieler hat vielleicht äußerlich alle Emotionen der Panik oder Euphorie angesichts seiner Spielchancen im Griff und lässt sich weder die eine noch die andere anmerken, besonders vertrauenswürdig macht ihn das allerdings nicht.

6 Gehört werden, ohne ein Wort zu sagen

Wir können also, wie Kommunikationswissenschaftler Paul Watzlawick es ausdrückt, »nicht nicht-kommunizieren«. Wie also gehen wir das Thema an? Zunächst einmal lohnt es sich wieder, sich regelmäßig bewusst wie von außen zu betrachten. Der spezielle Gesichtsausdruck, wenn wir eine Aussage hören, die uns nicht passt, die Füße, die unterm Tisch schon in Richtung Ausgang zeigen, das vorgereckte Kinn in einem eigentlich harmonischen Gespräch: Selten ist uns klar, wie deutlich unser Körper unser teils unbewusstes Innere spiegelt.

Beobachten Sie sich also ein paar Mal am Tag in unterschiedlichen Kommunikationssituationen. Schauen Sie mit Neugierde auf sich. Welche Emotion herrscht vor? Ruhe, Enthusiasmus, Eifer, Langeweile, Frust, Freude? Können Sie Ihr Gefühl in diesem Moment präzise benennen?

Und wie sieht es gleichzeitig mit der Körperhaltung, Gestik und Mimik aus? Wenn Sie sich gedanklich in die Schuhe des anderen versetzen: Was sehen Sie? Einen aufgeregt gestikulierenden, einen angespannten, abwehrenden oder offenen Menschen? Schwanken Sie vor Ihrem Publikum wie ein Matrose auf Landgang? Sitzen Sie fluchtbereit ganz vorne auf dem Stuhl? »Waschen« Sie Ihre Hände, während Sie sprechen?

Bemerken Sie möglichst wertungsfrei, was ist. Wird gerade einer Ihrer Grundwerte angesprochen? Fühlen Sie sich wohl, nervös oder in die Ecke gedrängt? Verändern Sie kurz und bewusst Ihre Körperhaltung. Wie wir schon besprochen haben, wirkt sie auf Ihre Emotion. Sie richten sich auf. Sie beruhigen Ihren Atem. Sie nehmen etwas in die Hand. Sie versuchen ein kleines Lächeln und glätten die Stirnfalten. Sie stellen sich auf beide Beine und lockern die durchgedrückten Knie. Im Sinne von »Fake it, till you make it.« (= »Tu so lange als ob, bis du es geschafft hast.«) bemerken Sie bald, dass sich die Lage für Sie und damit auch für Ihr Gegenüber verändert.

Ihnen fällt das schwer? Nehmen Sie erst einmal wahr, was bei anderen geschieht. Welche Haltung und inneren Vorgänge »lesen« Sie beim Blick auf die Menschen? Selbstverständlich bleiben Ihre Erkenntnisse Ihre Interpretationen und ja, die Gefahr für Missverständnisse lauert. Trotzdem: Achten Sie mehr auf dieses Zusammenspiel von Körper und Stimme, dann gestalten sich Ihre Gespräche leichter und erfolgreicher. Sie gehen dann auf mehr ein als auf ein paar Wörter und können auch Diskrepanzen zwischen Gesagtem und Gemeintem leichter erkennen.

Mimik, Gestik, Haltung und Bewegung, die räumliche Beziehung, Berührungen und die Kleidung: Ihre Stimme schöpft nur in Harmonie mit diesen wichtigen Mitteln der nonverbalen Kommunikation ihr Potenzial aus. Sie wirkt mit ihnen zusammen, wenn wir, oft wortlos und binnen Sekunden, untereinander klären, ob wir uns sympathisch sind und vertrauen können.

Gesellschaften, Kulturen und Gruppen von Menschen haben, wie wir wissen, eigene Systeme nonverbaler Codes entwickelt. Sie unterscheiden sich in ihrer Bedeutung oft sehr. Die Geste beispielsweise, die bei uns Ablehnung signalisiert, bedeutet in einem anderen Kulturkreis das Gegenteil.

Blickkontakt herstellen

Eine äußerst wichtige Möglichkeit, mit Menschen in Verbindung zu kommen und zu bleiben, ist der Augenkontakt. Blicke können Desinteresse, Gleichgültigkeit und Abscheu oder Aufmerksamkeit, Zuneigung und allgemeine Freundlichkeit (und eine Fülle weiterer Emotionen) signalisieren. Jemanden beim Flirten ein klein wenig länger anzuschauen, bevor man den Blick abwendet – wir wissen, wie anziehend das bei der richtigen Person sein kann.

Prüfen Sie auch in anderen Gesprächssituation gelegentlich für sich, wie Ihr Blick vermutlich gerade auf Ihr Gegenüber wirkt. Hält man ihn beispielsweise zu lange, so wird das schnell als Aggression gewertet oder als aufdringlich empfunden. (Auch hier gibt es kulturell große Unterschiede.)

In Präsentationen können wir über einen wohldosierten Augenkontakt mit unserem Publikum den Fokus auf uns und unser Thema richten und damit selbstbewusst Zeit und Raum einnehmen.

Nehmen Sie drei Sekunden als einen Richtwert für ununterbrochenen Augenkontakt in angenehmer Alltagskommunikation, bevor Sie den Blick wieder kurz ab- und Ihrem Gegenüber wieder zuwenden.

Körpereinsatz zeigen

Wenn wir jung sind, sind auch wir Menschen im Westen mehr in uns selbst zuhause. Babys freuen sich mit dem ganzen Körper. Mit ihren kleinen Armen und Beinen zappeln sie, wenn sie glücklich sind. Wir können zumindest ein wenig von ihnen lernen, indem wir unseren Körper beim Sprechen wieder etwas mehr wahr- und mitnehmen.

Wie Sie schon bemerkt haben, möchte ich Sie einladen, sich Ihrer selbst als Gesamtheit bewusst zu werden. Um eine eigene Stimme zu entwickeln, sind wir als »Ganzes« gefragt. Beobachten Sie einmal jemanden, der auf Sie sympathisch und integer wirkt. Sie werden sehr wahrscheinlich eine lässige, selbstbewusste Körperhaltung, eine klare Stimme und eine ausdrucksstarke, aber nie übertriebene Mimik und Gestik sehen.

So verschieden wir alle sein mögen, die Investition in ein gutes Körpergefühl lohnt sich. Essen, was schmeckt und guttut, bewegen, pflegen, regelmäßig Ruhe finden und Kleidung wählen, die uns gefällt und steht. Eigentlich wissen wir, was es braucht. Perfektion und eine festgelegte Kilozahl gehören nicht dazu.

Wie auch immer: Fühlen Sie sich in Ihrer eigenen Haut wohl, dann wird auch Ihre nonverbale Kommunikation davon profitieren.

Mimik und Gestik einsetzen

Mimik und Gestik geben unserem Gegenüber reichlich Informationen über uns. Das Spiel unserer unendlich vielen feinen Muskeln im Gesicht signalisiert unserem Gegenüber beispielsweise, wie wir zum Gesagten stehen oder welche Emotion gerade in uns vorherrscht. Wir sehen, wenn jemand nur mit den Mundwinkeln und nicht »mit den Augen« lacht.

Unsere Hände bewegen wir kulturabhängig unterschiedlich intensiv, während wir sprechen. Viele dieser Gesten sind unbewusst. Selbst beim Telefonieren, wenn uns eigentlich keiner zuschaut, bewegen wir unsere Hände. Die Wissenschaft vermutet, dass das daran liegt, dass die Zentren für die Sprache und die Handkoordination eng beieinander liegen. Nicht umsonst sprechen wir auch von »begreifen«, wenn wir »verstehen« meinen.

Die Mimik und die Gestik verstärken unsere Aussagen oder schwächen sie ab. Ihr künstlicher und zu absichtsvoller Einsatz wirkt hier entgegengesetzt. Ich bin keine Freundin einer zugeschriebenen Gestik, im Sinne von »diese Handbewegung bedeutet dies, jener Gesichtsausdruck bedeutet das«. Ich lade Sie viel eher bewusst dazu ein, Ihre Gestik im Sinne der Wortwahl, der Bedeutung und der Darstellung Ihres Inhaltes zu wählen.

Sie möchten nicht wirken, als seien Sie gerade einer Laienschauspielgruppe beigetreten oder Teilnehmerin eines Pantomime-Workshops? Dann probieren Sie Folgendes aus:

Prüfen Sie die Resonanz, die Ihr eigener Redebeitrag in Ihnen selbst hervorruft. Sind Sie überzeugt von dem, was Sie sagen? Wissen Sie es genau? Kennen Sie Ihre Fakten, Zahlen und Argumente? Welche Grundhaltung haben Sie zu Ihrem Gesprächspartner oder Ihrer Gesprächspartnerin? Ist die gerade eher negativ, können Sie sie mit einem neuen inneren Kommentar milder betrachten?

Der Trick bei all dem ist: Wenn Sie ehrlicher zu sich sind, wird auch Ihr »schwatzender« Körper eine authentische, kongruentere Botschaft an Ihr Gegenüber senden. Was also wahr ist, wird auch körpersprachlich bei anderen als wahr erkannt, also »wahr genommen«.

Präsent sein

Wir haben gesehen, dass viele Signale, die wir aussenden, aus dem Unbewussten kommen. Wie können wir dazu einen besseren Kontakt herstellen? Meine bevorzugte Methode ist hier, in die Stille zu gehen. Sitzen, einatmen, ausatmen und dann das Ganze von vorne. Fünf Minuten am Tag. Damit Sie die Zeit tatsächlich investieren, verknüpfen Sie diese neue Gewohnheit mit einer alten. Erst die Katze füttern oder den Morgenkaffee trinken, dann fünf Minuten atmen. Stellen Sie sich einen Wecker und beobachten Sie Ihre Gedanken oder die Gedanken zu Ihren Gedanken. Lassen Sie sie ziehen, ohne sie zu bewerten. Vielleicht nehmen Sie sich auch ein positives, für Sie bedeutungsvolles Wort wie »Liebe«, »Ruhe«, »Loslassen« und wiederholen es im Geiste für sich. Schweifen Sie ab, dann kommen Sie ohne Bewertung zurück zu »Ihrem« Wort und zum Atmen.

Diese kleine Intervention hilft Ihnen, auch im Alltag präsenter zu sein und in Kontakt mit Ihrer inneren Welt zu kommen. Sie müssen es noch nicht einmal Meditation nennen, aber vielleicht ist diese neue Gewohnheit der Start für mehr. Wenn Sie bereits meditieren, wissen Sie, wovon ich spreche.

Eine weitere Möglichkeit, mehr im »Jetzt« zu sein, ist, sich regelmäßig bewusst zu machen, was Sie hören, sehen, fühlen, schmecken. Unsere Sinne helfen uns, im Moment anzukommen. Und wenn wir im Moment präsent sind, profitieren wir nicht nur selbst davon, sondern auch unser Gegenüber.

In konkreten Situationen, während Präsentationen oder in wichtigen Gesprächen, dienen auch folgende Tipps für mehr Fokus.

Welche davon sind für Sie persönlich hilfreich?

- Aufrecht, hüftbreit und geerdet stehen, die Arme locker am Körper hängen lassen oder leicht anwinkeln, gut atmen, bewegen Sie sich ein wenig auf Ihrer »Bühne«: So geben Sie auch Ihrer Stimme die besten Chancen zu klingen.
- Unterstreichen Sie das Gesagte moderat und vor allem sinnstiftend mit Ihrer Gestik und Mimik. Wildes Gestikulieren lenkt ab, starre Mimik irritiert. Bitten Sie jemanden, Sie bei einem Vortrag zu filmen und schauen Sie sich das Ergebnis an. Zügeln Sie überschießende Selbstkritik, aber fragen Sie sich: Wirken Sie, wie Sie es beabsichtigen?
- Wählen Sie ausschließlich Haltungen, die Ihnen einen schnellen und geschmeidigen Wechsel erlauben. Umschlungene Stuhlbeine, verschränkte Arme, verknotete Hände stören Sie selbst beim Sprechen und Ihr Gegenüber beim Zuhören. Denken Sie daran, auch mit Ihrer Gestik Raum einzunehmen.
- Bleiben Sie kritisch: Haben Sie sich eine »Füllgestik« angewöhnt, also eine Gestik, die Sie immer und immer wieder einsetzen? Diese Gesten sind das nonverbale Gegenstück zu den bereits besprochenen Füllwörtern. Sie verwässern Ihre Botschaft und strengen Ihre Gesprächspartner an.

- Wenn Sie zu eher hektischen Bewegungen und viel Laufen auf der Bühne neigen, üben Sie sehr bewusst, sich zurückzunehmen. Was Ihnen erst einmal ungewohnt und anstrengend vorkommt, wird mit der Zeit natürlicher werden und die Qualität Ihrer Beiträge verbessern.
- Sehen Sie in Ihrem Körper einen Anker für das »Jetzt«. Ihre Aufmerksamkeit gehört Ihrem Gegenüber und dem Gespräch. Sie gehört in diesen Moment. Ertappen Sie sich dabei, dass Sie in Ihrem Geist überall sind, nur nicht hier, dann nehmen Sie kurz Ihren Körper wahr. Schenken Sie Ihrem Thema und Gegenüber das Beste, was Sie zu geben haben: Ihre Präsenz.
- Nehmen Sie immer wieder Blickkontakt auf. Suchen Sie sich in großen Gruppen sorgfältig im Raum verteilt Verbündete, also wohlwollende Bekannte oder freundliche Fremde. Letztere erkennen Sie an ihrer beipflichtenden Gestik und einer offenen Körpersprache. Beziehen Sie Zuhörende der unterschiedlichen Hierarchieebenen mit ein, aber vermeiden Sie einen starken nonverbalen Bezug auf einige Wenige. Es wirkt opportunistisch und vielleicht sogar anbiedernd. Außerdem wollen Sie sicher sein, dass Ihnen alle zuhören. Nur mit Augenkontakt in die unterschiedlichen Richtungen fesseln Sie Ihr Publikum.
- Lächeln Sie passend zum Kontext. Wenn Sie ein fröhlicher Mensch sind, großartig. Sie wirken offener, entspannter und in sich ruhender. Ein Lachen oder Schmunzeln kann allerdings, je nach Kontext, nicht nur sympathisch und einladend, sondern auch unsicher, deplatziert und sogar beleidigend wirken.
- Heben Sie ein wenig das Kinn und halten Sie den Kopf gerade und zwar so, dass sich Ihre Kopfkrone nach oben hin öffnet. Ein gesenkter Blick und das Ohr, das fast die Schulter berührt, signalisieren wenig Selbstbewusstsein und machen Sie unnötig klein. Genießen Sie stattdessen beim Aufrechtsein im doppelten Sinne ein Gefühl von Wachheit und Präsenz.

Übungen

»V wie Victory«: ein kleines Training für Ihr Selbstbewusstsein
Dauer: 5 min

- Strecken Sie die Arme über dem Kopf aus, sodass sie ein V bilden. Ihre Finger sind gespreizt und das erste Glied aller Finger ist leicht eingeknickt.
- Schließen Sie die Augen und lächeln Sie.

- Atmen Sie nun etwa drei Minuten durch die Nase tief in den Bauch ein und durch die Nase wieder aus.
- Atmen Sie erneut tief ein, halten Sie den Atem und lassen Sie Ihre Daumenkuppen einander »blind« über dem Kopf finden. Sie bekommen so ein »sinnliches« Gefühl für Ihre Größe.
- Zum Abschluss atmen Sie noch einmal aus und beschreiben dabei einen großen Bogen um Ihren Körper. Visualisieren Sie dabei das helle Licht Ihrer Ausstrahlung.

»Bitte lächeln«: Instant-Entspannung mit einer Übung aus der Embodiment-Forschung
Dauer: 5 min.

Ein wichtiges Gespräch steht an? Suchen Sie sich ein Plätzchen, an dem Sie allein sind. Klemmen Sie sich einen Bleistift oder ein Essstäbchen horizontal zwischen die Zähne, die dabei sichtbar bleiben. Auch wenn es sich seltsam anfühlt: Halten Sie diese Pose mindestens eine Minute. Sie spricht Muskeln an, die beim Lächeln aktiv sind. Ihrem Gehirn signalisiert das: »Du bist offensichtlich fröhlich«, und kurz darauf fühlen Sie sich tatsächlich besser und selbstbewusster.

Sie wollen testen, wie die Mimik Ihre Emotionen beeinflusst? Nehmen Sie den Bleistift und umschließen Sie ihn mit den Lippen. Diese Übung zwingt Sie zu einem griesgrämigen Gesicht. Selbst wenn Ihre Laune zuvor gut war, werden Sie feststellen, dass sie sich verändert.

Beide Varianten beeinflussen den Klang und die Wirkung Ihrer Stimme. Probieren Sie es aus.

»Auf Empfang stellen«: einen Vortrag hören und maximal profitieren
Dauer: 5–10 min.

Sie hören einen (Online-)Vortrag. Beobachten Sie Ihre eigene Körpersprache. Wie sitzen Sie? Oder liegen Sie eher? Runzeln Sie die Stirn? Verschränkten Sie die Arme? Sinken Sie in sich zusammen?

Ihre äußere Haltung beeinflusst Ihre innere Haltung und Ihre innere beeinflusst ihre äußere. Ändern Sie Ihre Körperhaltung und schauen Sie, was passiert. Auch wenn Sie gerade nur mittelmäßig interessiert sind, setzen Sie sich aufrecht hin, als seien Sie wach, neugierig und offen. Die Füße stehen beide gut geerdet auf dem Boden, der Rücken ist gerade und trotzdem entspannt. Rollen Sie Ihre Schultern dazu einmal bewusst zurück und lassen Sie sie dann locker fallen.

Wenn möglich, legen Sie Ihr Smartphone in ein anderes Zimmer und machen Sie sich stattdessen handschriftlich Notizen. Sie werden sehen: Stellen Sie auf Empfang, dann haben Sie doppelt so viel von der Zeit, die Sie – aus was für Gründen auch immer – gerade aufwenden.

»Videostar«: Analysieren Sie Ihren Vortrag
Dauer: 30 min.

Sie halten einen Vortrag oder bereiten sich auf einen vor. Bitten Sie jemanden, Sie zu filmen. Es kostet viele Menschen große Überwindung, sich selbst zu sehen. Ist schon das Hören der eigenen Stimme seltsam, steigert sich das Unbehagen, wenn wir uns live betrachten.

Schauen Sie sich Ihr Video in Ruhe an und notieren Sie sich, was Ihnen in Bezug auf die unten aufgeführten Kriterien auffällt. Bleiben Sie freundlich und konstruktiv und widerstehen Sie der Versuchung, überkritisch mit sich ins Gericht zu gehen. Bewerten wir uns selbst, sehen wir Dinge, die sonst kaum jemand bemerkt.

Stimme und Sprache
Wie empfinden Sie

- Ihre eigene Sprachmelodie?
- die Tonhöhe?
- die Sprechgeschwindigkeit?
- die Pausenfrequenz und -dauer?

Haltung

- Wirkt Ihre Haltung wach und offen?
- Ist Ihr Rücken gerade und trotzdem locker?
- Sind Ihre Schultern weder nach oben noch nach vorne gezogen?
- Halten Sie den Kopf gerade?
- Suchen Sie immer wieder einen entspannten Augenkontakt mit dem Publikum?

Arme und Hände

- Um Ihre Gestik zu beurteilen, schauen Sie sich das Video einmal mit und einmal ohne Ton an.
- Unterstützt Ihre Gestik das Gesagte?
- Können Sie an Ihrer Gestik Stimmung und Wichtigkeit einer Passage ablesen, obwohl Sie gerade nichts hören?
- Wechseln sich die Gesten moderat ab? (Oder wiederholen sie sich immer wieder?)
- Gibt es einen Mehrwert der Bewegung für die Bedeutung Ihrer Aussage?

Bewegung auf der Bühne

- Bewegen Sie sich so, dass es nicht von Ihrem Inhalt ablenkt? (Oder »tigern« Sie über die Bühne; bleiben Sie wie festgeklebt stehen?)
- Bewegen Sie sich moderat und variantenreich? (Oder gibt es ein immer gleiches Muster?)
- Wirken Sie locker und konzentriert? (Oder sehr angespannt?)

Nonverbale Kommunikation – Blickkontakt, Körpersprache, Mimik und Präsenz – erfolgt selten bewusst. Unser Körper neigt dazu, auf Botschaften oder unsere eigenen Gefühle zu reagieren, bevor es unser Mund tut. In diesem Kapitel konnten Sie sich etwas zusätzliche Zeit nehmen, um die Botschaften zu bewerten, die Sie aussenden, mit oder ohne Worte.

Die Stimme finden, wirkungsreich sprechen 7

Nachdem Sie die letzten sechs Kapitel gelesen haben, besteht nun die Gefahr, dass Sie sich steif und unnatürlich fühlen, dass Sie meinen, Sie müssten eine bestimmte Art und Weise annehmen, um eine Wirkung zu erzielen, wenn Sie sprechen. Der RICH-IMPACT-Ansatz ist das ganz sicher nicht. Die Idee ist, dass Sie aus den Punkten, die ich bisher beschrieben habe, einige auswählen, die am besten Ihren Typ unterstreichen. Womöglich einige etwas anpassen. Und dann finden Sie Ihren ganz eigenen Weg und setzen ihn konsequent und bewusst um. Seien Sie Sie selbst, werden Sie nicht zu einem sprechenden Kopf – egal, in welcher Art von Kommunikation.

Dieses Kapitel wird Ihnen helfen, die Aspekte zu finden, die Sie übernehmen und umsetzen wollen. Sie werden sehen, wie Sie diesen Anpassungsweg ebnen können. Wenn Sie sich selbst erkennen, Ihren Atemrhythmus, Ihre Stimme und die Stärke des Ausdrucks, den Ihre Gesten und Ihr Körper ausüben können, finden und alles zusammenbringen, maximieren Sie Ihre Wirkung.

Alles zusammenbringen: »Ich« + Atem + Stimme + Körper + Ausdruck

Bis hierher haben wir gesehen, dass unterschiedliche Faktoren bestimmen, wie andere und Sie sich selbst in der Kommunikation und während Präsentationen wahrnehmen. Unsere Stimme ergibt sich aus dem feinen Zusammenspiel unserer genetischen Anlagen, biografischen Erfahrungen, situativen Emotionen, unserem Atem- und Artikulationsmuster und unserer Körpersprache.

Wie erwähnt, drückt sich die innere Haltung dabei über den Körper und die Stimme aus, die beide wiederum bewusst eingesetzt werden können, um auf sie zurückzuwirken. Sie erinnern sich: bewusstes Lächeln oder das Einnehmen einer selbstbewussten Pose verändern schon nach einigen Minuten Ihre Selbstwahrnehmung und Stimmung zum Guten.

Neben dem Wählen einer neuen Körperhaltung und dem bewussten Wahrnehmen von Gedanken, hilft uns auch die Atmung, das Potenzial unserer Stimme besser auszuschöpfen und unseren Geist zu beruhigen. Ein entspannterer Geist führt zu einer Gelassenheit, die sich in Ihrer Körpersprache spiegelt und Ihre Stimme verbessert.

Wenn wir wirkungsreich sprechen, dann senden wir über die Ebenen Atmung, Stimme, Körper und Ausdruck eine harmonische Botschaft. Was bedeutet das? Sagen wir, Sie wollen Ihrem Publikum Ihre Lösung für ein Problem vorstellen: Sie sind zutiefst von Ihrem Konzept überzeugt. Ihr Geist ist klar und konzentriert. Ihr Atem fließt. Ihre Stimme klingt kraftvoll und körpersprachlich unterstreichen Sie das Gesagte lebhaft, aber nicht hektisch. Während Sie auf diese Weise präsentieren, wirkt die situative Erfahrung wieder positiv auf Sie zurück: Sie fühlen sich selbstsicher und diese Wahrnehmung beflügelt Sie, sich weiter bestens und in Ihrer Kraft zu fühlen.

Kurz: Die Botschaften, die Sie auf den verschiedenen Ebenen aussenden, sind konsistent und auch von Ihrem Publikum einfach zu entschlüsseln.

Nehmen wir nun das Gegenteil an: Sie sind zwar überzeugt und gut vorbereitet, fühlen sich aber eingeschüchtert. Jemand, den Sie nicht mögen, sitzt im Publikum. Ihr Geist ist unruhig, was Auswirkungen auf Ihre Atmung hat. Sie atmen flach und kompensieren das mit einer angestrengten Stimme, die lauter als nötig klingt. Ihr sprachlicher Ausdruck ist derweil, dank guter Vorbereitung, einwandfrei, doch Ihr Körper verkrampft sich, weil Sie innerlich verspannen.

Ihr Publikum versucht nun die Botschaften »interessanter Inhalt«, »dominanter Ton«, »starre Körperhaltung« auf einen Nenner zu bringen. Es fragt sich: Wie überzeugend ist das Gesagte? Wie glaubwürdig ist die, die da spricht? Anstatt sich also auf Sie und Ihre Präsentation einzulassen, kämpft das Publikum mit kognitiven Dissonanzen.

Wenn wir uns bewusst sind, an welcher Stelle wir an uns arbeiten wollen, dann können wir das Thema angehen. Das ist im Sinne des RICH-IMPACT-Ansatzes. Sie finden heraus, an welcher Stellschraube Sie nachjustieren möchten, und wählen aus der Fülle der Übungen und Methoden dazu aus, was Erfolg verspricht.

Atmung, Körperspannung, Stimme, Gedankendisziplin... Was verdient Ihre besondere Aufmerksamkeit?

Hilfreiche Bilder

Ein Kernstück meines Ansatzes sind hilfreiche Bilder und Visualisierungen. Wie Sie merken, verwende ich sie auch in diesem Buch immer wieder zum Veranschaulichen. Wir alle sind visuelle Wesen, wenn auch einige mehr als andere. Prinzipiell helfen uns Vergleiche, Beispiele und kleine Geschichten, Inhalte zu vermitteln, zu behalten und zu verstehen. Erst wenn beim anderen Vorstellungen geweckt werden, wenn das »Kino im Kopf« anspringt, werden dürre Fakten lebendig und das neu Gehörte kann mit etwas Bekanntem verknüpft werden.

Bilder sind auch für uns selbst hilfreich. Wir können sie nicht nur für Gespräche, Diskussionen oder auch Präsentationen und Vorträge nutzen, sondern auch, um mit ihnen an unserer Stimme und Präsenz zu arbeiten.

Hier ein Beispiel dazu: Einmal kam ein Ingenieur als Klient zu mir. Auf einem Start-up-Festival wollte er die Geschichte seines jungen Unternehmens erzählen, aber seine nüchterne Präsentation überzeugte nicht einmal ihn selbst. Ob er den Eindruck hatte, dass ihn diese Art professioneller oder glaubwürdiger wirken ließ, oder woran es auch sonst liegen mochte: Sein Vortrag geriet immer wieder zu sachlich und blutleer.

In einer Sitzung wollte ich ihm helfen, mehr Leben und Emotion in seine Darstellung zu bringen. Er sollte die Leidenschaft für seine Idee nachvollziehbar transportieren. Wir unterhielten uns als erstes über Dinge, die ihn in seinem privaten Leben interessierten und kamen schnell auf Malerei. Ich bat ihn, mir eines seiner Lieblingsbilder zu beschreiben, die Farben, das Motiv oder die Komposition der Formen. Während das Bild offensichtlich vor seinem geistigen Auge auftauchte und er es verbal zu skizzieren begann, veränderten sich auch seine Tonlage, das Sprechtempo und die Intonation. Nun bat ich ihn, mir ohne weiteres Nachdenken, die Kernidee seines Start-ups vorzustellen.

Was ich immer wieder erlebe, geschah auch diesmal: Das innerliche Vorstellen von etwas, das bekannt und positiv war, beeinflusste die sichtbare Aktion. Die Körpersprache, Stimme, Mimik und Gestik wirkten reicher und überzeugender, der Vortrag engagierter und mitreißender. Als er mir später erzählte, wie es auf dem Festival gelaufen war, berichtete er von mehr Passion und Energie. Die Bilder im Kopf hatten seine Performance um Längen vorangebracht. Ihm war es endlich gelungen, nicht nur sein Wissen, sondern auch seine Begeisterung zu teilen.

Wie sieht es bei Ihnen aus? Könnten Ihre Vorträge mehr Kraft vertragen?

Suchen Sie sich zunächst Ihre eigenen Assoziationen. Ihre persönlichen Bilder finden Sie in

- Erlebnissen aus Ihrem Leben
- gesammelten Erfahrungen
- der Natur
- Themen, die Sie interessieren

Sie lieben Wasser? Atmen Sie gleichmäßig und tief, als würden Sie durch einen klaren See schwimmen.

Wandern ist Ihre Lust? Stellen Sie sich vor, dass Ihre Stimme ruhig und klar bis über den nächsten Berg trägt.

Kein Tag ohne Serie? Bauen Sie eine Geschichte mit »Cliffhanger« in Ihren Vortrag ein, damit Ihr Publikum nicht abschaltet.

Ihre Kinder hängen beim Vorlesen an Ihren Lippen? Nutzen Sie Betonung und Tempowechsel. Erzählen Sie, statt nur trocken zu referieren.

Ihr Glück liegt auf dem Rücken der Pferde? Führen Sie Ihr Publikum achtsam und konzentriert durch das »Gelände« der relevanten Fakten.

Welche Bilder können Ihre persönliche Interaktion, Kommunikation, Atmung oder Körperhaltung bereichern? Notieren Sie sich drei oder vier Bereiche und Ideen.

> **Extra**
>
> Erfolgreiche Präsentationen passen zur Zielgruppe. Bedienen Sie sich einer Sprache und Bildern, mit denen das Publikum in Resonanz gehen kann. Dazu müssen Sie vorher genug über seine Lebenswelt, sein Fachwissen, seine Themen und vor allem über seinen Bildungsstand und damit Wortschatz wissen oder herausfinden.
>
> Ob Sie Ihr neues Nachhaltigkeitskonzept dem Vorstandsteam oder der unternehmensinternen Umweltinitiative vorstellen – Ihre Präsentationen werden sich definitiv unterscheiden.
>
> Wortwahl, Fokus, Argumentationskette: Denken Sie an diese Klötzchen-Boxen in Kinderzimmern. In deren Deckel sind Kreis, Dreieck und Viereck gestanzt und die Kleinen sollen die entsprechend unterschiedlich geformten Klötzchen hineinstecken. Nur wenn Sie Ihrem Gegenüber den Stoff in den passenden Formen anbieten, geht die Botschaft Ihres Vortrags »durch«.
>
> Ihre Fakten und Erkenntnisse kommen tatsächlich an, können sacken und bleiben nicht an der Oberfläche stecken.
>
> Geschieht nämlich Letzteres, dann bleibt Ihr Publikum gleichgültig oder gibt das Zuhören frustriert auf. Passen die Informationen hingegen, wird man Ihnen eher interessiert folgen und gern etwas Neues mitnehmen. ◄

Visualisieren

Sie haben einige Analogien gefunden, die zu Ihnen, Ihrem Thema und Ihrem Leben passen. Beschäftigen wir uns nun mit dem Visualisieren.

Ihr Gehirn unterscheidet nicht zwischen dem tatsächlich Erlebten und dem Gedachten, Vorgestellten.

Sie sitzen im sicheren Kino und doch schlägt Ihr Herz bis zum Hals, weil die Heldin im Stockdunkeln in den Keller geht. Bei der Vorstellung reagiert Ihr Körper so, als würden Sie selbst gleich dem psychopathischen Nachbarn über den Weg laufen.

Um also Ihre nächste Präsentation vorzubereiten, machen Sie sich das Reagieren-als-ob zunutze. Im Geiste versetzen Sie sich in die Zukunft und spielen Ihren Vortrag durch. Wie sieht es im Raum aus? Wie riecht es dort? Wen sehen Sie?

Selbst wenn Sie es nicht genau wissen, spielen Sie Szenarien und Erwartungen durch. Was tun Sie, wenn das Mikro versagt? Sie jemand unterbricht? Eine unangenehme Frage gestellt wird?

Zum Abschluss und immer wieder vor der Präsentation, stellen Sie sich den bestmöglichen Ausgang Ihres Auftritts vor. Sie visualisieren, ja manifestieren Ihren Erfolg also im Geiste. Ihre Zuhörer und Zuhörerinnen klatschen oder bezeugen Anerkennung, Ihre Chefin lobt Ihren Vortrag, Sie lächeln.

Selbst wenn es in der Realität etwas anders abläuft: Über das Visualisieren bereiten Sie sich optimal auf Eventualitäten der Zukunft vor und werden ruhiger. Überraschungen werden Sie nicht so leicht aus dem Konzept bringen, wenn Sie die verschiedenen möglichen Realitäten bereits mutig durchgespielt haben.

Visualisieren Sie einen guten Ausgang, dann steht Ihnen die Kraft, die Sie aus der positiven Erwartung der Zukunft ziehen, in der Gegenwart zur Verfügung – und das rein über Ihre Gedanken. Sie signalisieren Ihrem Gehirn, dass das Ganze machbar und erfolgreich sein kann.

Da es Ihren selbsterzeugten Bildern so traut wie den realen, zeigen Sie ihm, dass Sie Lösungen finden. Auf diese Weise reduzieren Sie Ihren Stress im Hier und Jetzt und stimmen sich positiv auf das ein, was kommt.

Das Visualisieren schärft Ihren Fokus und stärkt Ihre Entschlossenheit und Ihr Vertrauen. Probieren Sie es aus. (Sie denken, Sie können gar nicht visualisieren? Stellen Sie sich jetzt vor, dass Sie in Ihrer Küche stehen und sich ein Glas aus dem Schrank nehmen. Die Genauigkeit, in der Sie das vor Ihrem geistigen Auge sehen können, reicht vollständig aus.)

Übungen

»Mitreißen(d)«: lebendiger vortragen
Sie stecken mitten in der Vorbereitung zu Ihrem nächsten Vortrag? Nutzen Sie sie als Übung mit diesem Zehn-Punkte-Plan:

- Suchen Sie sich ein starkes Bild. Es kann aus Ihrem Leben, aus dem Sport oder der Natur kommen.
- Schauen Sie, wie Sie es auf Ihr Vortragsthema übertragen können. (Beispiel Garten: säen, wachsen, ernten als Analogie für eine nachhaltige Investition, die Sie empfehlen)
- Legen Sie ein Ziel fest. Schreiben Sie auf, was Ihr Publikum nach Ihrer Präsentation denken, wissen, fühlen und tun soll.
- Schreiben Sie Ihren Vortrag strukturiert auf. Welche Argumente, Fakten und Ergebnisse brauchen Sie, um Ihr Ziel bei dieser Zielgruppe zu erreichen?

- Wählen Sie eine Sprache, die zu Ihnen, Ihrem Publikum und seinem Vorwissen passt.
- Extrahieren Sie die einzelnen Stichworte und schreiben Sie sie einzeln auf Karteikarten.
- Nehmen Sie diese Karten zur Hand und reden Sie frei. Laufen Sie herum, lockern Sie Ihre Muskeln, sprechen Sie klar mit den imaginären Zuhörern. Wie klingt Ihre Stimme?
- Hauchen Sie Ihrem Vortrag Leben ein, indem Sie Ihr Bild (siehe Punkt 1) vor Augen haben und Begriffe aus diesem Bereich wählen.
- Visualisieren Sie die Präsentation konkret, sobald Sie sich im freien Sprechen sicher fühlen.
- Spielen Sie auch unangenehme Szenarien durch. Wie würden Sie reagieren? Schreiben Sie sich auf, was Sie gegen einen Frosch im Hals (Wasser trinken, atmen), unruhige Zuhörer (abwarten, freundlich anschauen und schweigen) oder Technikchaos (notfalls auf eine technikfreie Präsentation vorbereitet sein) tun würden.
- Visualisieren Sie zum Abschluss und von da an bei unterschiedlichen Gelegenheiten die Zustimmung oder sogar Begeisterung des Publikums nach beendetem Vortrag. Lächeln Sie dabei schon jetzt, dann werden Sie es mit großer Wahrscheinlichkeit in der Realität tun.

»Aufregung in Freude verwandeln«: eine Übung gegen innere Unruhe vor Ihrem Auftritt

Dauer: einige Minuten.

Aufregung vor einer Präsentation oder einem Vortrag zeigt sich in Form von unangenehm empfundener Nervosität, die wir so schnell wie möglich loswerden möchten. Wir schauen immer wieder auf die Uhr, kneten die Hände, leiden unter unserem Herzklopfen und haben Schwierigkeiten, im Hier und Jetzt präsent zu sein.

- Atmen Sie langsam und bewusst. Verlängern Sie Ihre Atemzüge und sagen Sie dabei still »E i n a t m e n« und »A u s a t m e n«. Da Sie sich hier auf die beiden Wörter passend zum Atemrhythmus konzentrieren, verlassen Sie automatisch das Gedankenkarussell.

- Denken Sie an ein Ereignis, vor dem Sie freudig aufgeregt waren und an das Sie sich gern erinnern. Lassen Sie Bilder in sich aufsteigen, spüren Sie diesem Gefühl nach und verbinden Sie es mit einer angenehmen kleinen Geste. Bilden Sie vielleicht mit Ihren Händen eine Schale, sodass sich die Daumen sanft berühren oder legen Sie beruhigend eine Hand auf die kleine Kuhle unterhalb Ihres Halses. (Wiederholen Sie diese Geste auch im Alltag immer wieder, dann wird sie zum beruhigenden Anker.)
- Denken Sie daran, dass Vorfreude und Nervosität viel gemeinsam haben und ändern Sie Ihren inneren Kommentar. Aus »Hilfe, ich stehe im Mittelpunkt!« wird »Aufregend, ich stehe im Mittelpunkt und freu mich darauf, mein Wissen zu zeigen!«.

»Sing einen Song«: mit Karaoke die Komfortzone vergrößern
Sie brauchen: eine Karaokebar und etwas Mut.

Nervös werden wir besonders dann, wenn wir etwas tun müssen, das ungewohnt für uns ist. Karaoke-Singen bietet hier ein harmloses und unterhaltsames Übungsfeld für das Auftreten vor anderen und das ganz ohne den Druck, eine besonders gute Leistung abliefern zu müssen. Trauen Sie sich. Vielleicht entdecken Sie unerwartet Spaß am Rampenlicht und genießen es sogar, dass alle Augen auf Sie gerichtet sind.

Stellen Sie sich konzentrische Kreise vor, wie die einer Dartscheibe. Unsere Komfortzone besteht aus den kleineren Kreisen um den Mittelpunkt. Je mehr wir uns in Neuem, wie hier im Singen vor Publikum, üben, desto mehr Ringe kommen hinzu: Unsere Komfortzone weitet sich und wir fühlen uns in mehreren Bereichen kompetenter und sicherer.

Sie werden glaubwürdiger und dadurch wirkungsreicher, wenn Ihre Persönlichkeit zum Vorschein kommt, und Ihr Publikum wird Ihnen vertrauen, wenn es in Ihnen einen echten Menschen sieht. Internalisieren Sie Ihr gesprochenes Wort, sodass der Inhalt, die Worte, die Stimme und der Körper, alle eine einzige Botschaft vermitteln. Wer auch immer Sie sind, es gibt keinen Grund, dies zu ändern. Es geht darum, Ihre eigenen Fähigkeiten zu polieren.

Frei reden – so hören uns andere wirklich zu 8

Die Natürlichkeit und Offenheit einer Person und ihre Art, mit anderen in Kontakt zu treten, beeindruckt uns am meisten. Eine Möglichkeit, diese Wirkung zu erreichen, ist, Geschichten aus eigener Erfahrung zu erzählen. Auf diese Weise empfinden wir eine Rede als „authentischer" und überzeugender, da wir das Gefühl haben, dass sie sich auf uns beziehen könnte. Diese Offenheit entsteht auch durch ein echtes Interesse an den anderen, indem wir ihnen zuhören und sowohl Interesse und Neugier an ihnen zeigen als auch ihre Neugier auf uns und unsere Geschichten wecken. Neben diesen Aspekten Ihres Auftretens werden wir in diesem Kapitel auch darüber sprechen, wie Sie Lampenfieber überwinden können, und ich werde Ihnen einige Tipps für Online-Auftritte geben, die in letzter Zeit so häufig geworden sind.

Authentisch und sympathisch sein

Wir alle haben einen siebten Sinn fürs Echte. Wenn wir eine Rolle spielen, uns besonders bemühen oder unser Verhalten einstudiert wirkt, dann weckt das bei unserem Gegenüber Misstrauen. Unsere Aussagen verlieren an Gewicht. Auch spüren Menschen meist instinktiv, ob ein Interesse ehrlich oder strategisch ist. Einer meiner Klienten, neuer Vorgesetzter eines großen Teams, erwähnte, er wolle nun schnell alle Namen der Mitarbeitenden kennen. Er hätte den Eindruck, dass ihn eine direkte Anrede charismatischer wirken ließe. Ich bin sicher, die echte Absicht, Kolleginnen und Kollegen kennenzulernen, wäre die sinnvollere Motivation gewesen.

Menschen, die mit sich im Reinen sind und sich auf ihr Gegenüber einstimmen, wirken authentisch und sympathisch auf uns – auch, weil die Kommunikation mit ihnen leicht ist und wir uns gut bei ihnen fühlen.

Sollten Sie zu denen gehören, die sich in Gesellschaft mehrerer unsicher fühlen und die sich deshalb ein bestimmtes Verhalten zurechtgelegt haben, dann haben Sie es schwerer. Wenn Sie außerdem den Eindruck nicht loswerden, nicht richtig gehört zu werden, dann »üben« Sie, soziale Situationen so entspannt wie möglich zu meistern. Das geht nur, wenn Sie sich ihnen aussetzen und ihnen nicht aus dem Weg gehen.

Ein gesundes Selbstwertgefühl, fern des Narzissmus, macht uns für andere attraktiv. Schauen wir in der Kommunikation dann nicht nur auf uns selbst, sondern bemühen uns um freundlichen Kontakt und konstruktiven Austausch, dann hören uns andere gern zu. Sollten Sie außerdem Humor und ein nettes Lächeln haben und sich selbst nicht so ernst nehmen – Glückwunsch, (fast) alle werden Sie lieben und von Herzen gern erfahren wollen, was Sie zu sagen haben.

Erzählen statt referieren

Damit das so bleibt oder wird, bedienen Sie sich in Besprechungen oder Vorträgen eines einfachen Credos: erzählen und Austausch anregen (selbst wenn der nach einer Präsentation erst zeitversetzt startet) statt dozieren und referieren.

Wie Sie hier schon gelesen haben oder schon lange wissen, wecken erst Bilder und Vergleiche Vorstellungen und bringen Stoff und Zuhörende zusammen. Die großen Weltreligionen machen es uns vor: Sie verpacken ihre Botschaften in Geschichten. Nutzen Sie die Vorliebe der Menschen für persönliche Anekdoten und setzen Sie für Ihren Vortrag Storytelling ein. Das Prinzip ist einfach. Sie erzählen die Geschichte hinter den Zahlen, die Sie vorstellen. Sie erwähnen Beispiele aus der Praxis, in denen Emotionen eine Rolle spielen. Sie berichten von einem Hindernis und wie es überwunden wurde. Sie verpacken Ihre Erkenntnisse in Bilder, mit denen Ihr Gegenüber etwas anfangen kann.

Damit Sie dabei, siehe oben, authentisch und sympathisch wirken, übertreiben Sie es nicht. Erzählen Sie eine Geschichte in verschiedenen Ausführungen während Ihrer Präsentation und nicht direkt fünf oder sechs unterschiedliche. Fragen Sie sich: Untermauert diese Anekdote meine wichtigsten Aussagen? Klingt Ihr Erzählen zu weit hergeholt, unglaubwürdig oder nach Walt Disney, dann empfindet man Sie möglicherweise als unterhaltsam, nimmt Sie aber inhaltlich nicht ernst. Neigen Sie zum Dozieren, wirken Sie auf Ihr Gegenüber vielleicht kompetent, aber man hört Ihnen nur widerwillig oder schläfrig zu.

Übrigens: Leise Zweifel an der Güte der Idee oder Geschichte sind häufig ausgezeichnete Indikatoren dafür, dass Sie noch nicht fertig mit Ihrer Vortragsvorbereitung sind. Tragen Sie jemand Wohlmeinendem vor und holen Sie sich konstruktive Kritik.

Extra

Wenn Sie noch wenig Präsentationserfahrung haben, schreiben Sie sich Ihren Vortrag einmal komplett auf. Lesen Sie Ihren Text in angenehmer Sprechgeschwindigkeit vor und stoppen Sie die Zeit. Sie werden unter Umständen überrascht sein, wie viele oder wenige Minuten tatsächlich vergangen sind. An einer realistischen Zeitplanung Ihres Vortrags geht grundsätzlich kein Weg vorbei. Sie gibt Ihnen Sicherheit und erhöht die Qualität Ihres Beitrags.

Während des Vortrags brauchen Sie dann ein gutes Timing. Sie benötigen ein Gespür, wann Sie was und wie anbringen und auf welche Weise Sie Ihr Publikum in diesem Moment mitnehmen. Falls Sie merken, dass Ihnen die Zeit wegläuft, dann reden Sie auf keinen Fall schneller. Konzentrieren Sie sich weiter auf Ihre Hauptaspekte und verzichten Sie notfalls auf eine illustrative Anekdote.◄

Selbst zuhören und eine Verbindung schaffen

Die beste Voraussetzung dafür, dass man uns zuhört, ist, dass wir es selbst tun. Echtes, hingebungsvolles Zuhören, das Wahrnehmen der Körpersprache und ein tiefes Interesse an Anderen sind ein kostbares Geschenk. Viele Menschen nutzen die Zeit, in der ihr Gegenüber spricht, leider weniger zum Zuhören und zum Wahrnehmen. Sie überlegen sich vielmehr, wie sie antworten werden und können es kaum abwarten, wieder an der Reihe zu sein, gern auch, um das letzte Wort zu haben.

Ertappen Sie sich dabei, dass Sie in Gesprächen mehr bei sich und Ihren eigenen Reaktionen und Gedanken als bei anderen sind, schalten Sie um. Nur wenn Sie das Gespräch aktiv gestalten, entsteht ein Dialog und kein Schlagabtausch einzelner Monologe. Fragen Sie sich kritisch: Hören Sie gut zu? Wissen Sie in etwa, wie es Ihrem Gegenüber gerade geht und was ihm oder ihr wichtig ist? Oder sind Sie innerlich mit etwas anderem oder mit sich selbst beschäftigt?

Eine echte Verbindung schaffen Sie, wenn Sie empathisch zuhören. Das bedeutet, dass Sie sich in Ihr Gegenüber einfühlen können. Die Grundlage der Empathie ist Ihre Selbstwahrnehmung – je offener Sie für Ihre eigenen Emotionen sind, desto besser können Sie auch die Gefühle anderer deuten. Hier geht es nicht darum, exakt nachzuspüren, wie der andere sich gerade fühlt (was nicht gelingen wird), sondern die eigenen Sinne unaufgeregt und aufmerksam auf Empfang zu stellen. Sollte es tatsächlich um ein emotionales Thema gehen, dann leiden wir nicht dramatisch mit oder lösen uns emotional auf, sondern versuchen Gefühle wirklich wahrzunehmen. Verbinden wir uns so mit unserem Gegenüber, dann zeigt sich das an einer ruhigen und eher tieferen Stimmlage und einer zugewandten Körpersprache.

Neugierig machen, leiten und führen

Immer wenn wir etwas präsentieren, nehmen wir unser Publikum gedanklich an die Hand und führen es durch unsere Gedanken und Erkenntnisse. Damit es »mitgeht«, möchten wir Spannung erzeugen und immer etwas Neues, Lohnenswertes vermitteln. Ich habe die Erfahrung gemacht, dass es dafür hilfreich ist, sich in die Lage der Zuhörenden zu versetzen: Was könnte sie besonders interessieren oder später motivieren, in unserem Sinne zu reagieren oder aktiv zu werden?

Vielleicht lieben Sie es, wie ich, ins Museum zu gehen. Dann kennen Sie das Gefühl, durch die Ausstellung zum Prunkstück der Sammlung geleitet, nein, eher gezogen zu werden. Kleine Piktogramme weisen uns von Raum zu Raum, während die Spannung steigt. Ihr Herz schlägt ein wenig schneller, Sie biegen um die letzte Ecke und da steht es, besonders beleuchtet, in der Mitte des Raumes: das Meisterwerk.

Stellen Sie sich die Essenz, das Kernstück Ihrer Rede als dieses Exponat vor. Die Wegbeschreibung und das Licht entsprechen den richtigen Wörtern, Pausen, der Geschwindigkeit und Lautstärke, die zu ihm führen. Geben Sie Ihrer wichtigsten Aussage Raum: Ihre zentrale Botschaft in einem klaren Satz, das letzte Wort ein starkes Hauptwort. Stille.

Ein bisschen Drama bewirkt für Ihre Rede tatsächlich Wunder.

Lampenfieber in den Griff bekommen

Die allermeisten Menschen sind vor einem Auftritt, einer Präsentation oder Moderation aufgeregt. Wenn das so ist, dann teilen wir eine zutiefst menschliche Erfahrung mit anderen. Die Nervosität, die wir empfinden, hat immer eine Funktion. Sie stellt sicher, dass sich das System auf bestmögliches Nutzen der Ressourcen einstellt, um die »Bedrohungssituation« zu meistern. Unsere Unruhe zeigt, dass es uns nicht egal ist, wie unser Beitrag ankommt. Bei der Mehrheit von uns verfliegt das Lampenfieber weitgehend, wenn wir in der Situation angekommen sind.

Wenn Sie zu denen gehören, die sich übermäßig von dieser inneren Unruhe quälen lassen, ist es Zeit umzudenken. Ist Ihnen schon einmal aufgefallen, dass die Aufregung bei großer Vorfreude eine ähnliche Qualität der Unruhe hat wie das quälende Lampenfieber? Versuchen Sie nicht gegen die Nervosität anzukämpfen, sondern sie als den notwendigen Schubser zu ihrer Bestleistung zu sehen. Betrachten Sie sie wie ein Bühnenprofi als Energie, die da gerade unbestritten fließt, und entsprechend als etwas Positives.

Wie schon hier im Buch beschrieben, schützen Sie sich außerdem vor übermäßiger Nervosität, indem Sie sich bewegen, kurz Körperkontakt suchen, sich umfassend vorbereiten und sich auf Eventualitäten im Umgang mit der Technik einstellen. Verlassen Sie sich nicht auf bestimmte Funktionen bei Online-Veranstaltungen. Überlegen Sie sich für diesen Fall Alternativen. Selbst wenn die Wahrscheinlichkeit klein ist, dass Sie sie nutzen werden, beruhigt ein gedankliches »Auffangnetz«.

Wissen Sie, dass Sie zur Unruhe neigen, dann üben Sie täglich zu atmen. In der Situation zum ersten Mal angewandt, wird Ihnen eine bestimmte Atemtechnik kaum helfen, eingeübt und vertraut allerdings schon.

Der Trick im Umgang mit Nervosität liegt im richtigen Umgang mit sich selbst. Wie sprechen Sie mit sich? Wohlmeinend, freundlich, voller Mitgefühl? Wenn Sie bemerken, dass Sie sich selbst kleinmachen oder die schlimmsten Szenarien ausmalen, dann stoppen Sie sich gedanklich und unterstreichen sie es mit einer energischen Handbewegung.

Wir müssen nicht perfekt sein, uns dürfen Fehler unterlaufen, wir dürfen uns erlauben, unsere Verletzlichkeit zu zeigen. Dies ist ein wertvoller Ausdruck von Authentizität. Lässt der Druck der Perfektion etwas nach, sprechen wir mit uns wie mit einer guten Freundin oder einem guten Freund, dann macht uns das auch zugänglicher für unser Publikum. Wir wirken nahbarer und sympathischer. Leisten Sie sich, mit etwas Humor auf sich und die Situation zu schauen und dann: Auf geht es! Sie schaffen das.

> **Extra**
>
> Ihre Rede steht und Sie wollen Ihr Publikum on- oder offline restlos überzeugen? Unabhängig davon, welches Thema Sie behandeln, denken Sie an Aristoteles Rhetorik.
>
> - Als Sprecher oder Sprecherin überzeugen Sie durch Glaubwürdigkeit und Integrität. (Ethos)
> - Ihr Inhalt überzeugt durch nachvollziehbare Argumente und echte Beweise. (Logos)
> - Ihre Zuhörenden selbst lassen sich durch Ihre Leidenschaft und einen emotionalen Appell überzeugen. (Pathos)
>
> Wie steht es bei Ihrem Auftritt außerdem um starke Bilder, eine passende Stimmführung mit Pausen, die Mimik und die Gestik? Ihre Investition in Qualität lohnt sich, versprochen.◄

Online Präsenz zeigen

Unsere Arbeitswelt erfordert, dass wir die Wirkung unserer Stimme in Präsenz und online unter die Lupe nehmen. Viele von uns wissen, wie sie auf Konferenzen auf andere zugehen und interagieren. Für Online-Veranstaltungen fehlt einigen offensichtlich die Gebrauchsanweisung: Sie verschwinden gesichtslos im Orbit

und bemühen sich nicht, Alternativen zum informellen Tür-und-Angel-Gespräch in der Kaffeepause zu finden. Auch für Teilnehmende mit eingeschalteter Kamera stellt sich öfter die Herausforderung verzerrter Stimmen und eingefrorener Bilder. Durch das eher statische Sitzen vor dem Monitor und den begrenzten Kameraausschnitt fällt außerdem unser Gestaltungsmittel »Körpersprache« weg.
Wie steht es um Ihre Online-Präsenz? Ich habe Ihnen hier einige Fragen zusammengestellt.

- Haben Sie Ihre technischen Einstellungen, die Mikrofunktionen, Lautstärke und den sichtbaren Hintergrund geprüft, bevor die Veranstaltung beginnt? Sind nicht gerade drei weitere Familienmitglieder online?
- Fühlen Sie sich mit Ihrem Äußeren wohl? Haben Sie sich zurecht gemacht, wie für einen Präsenztermin oder tragen Sie zum Blazer noch Ihre Pyjamahose und Pantoffeln? Es ist erstaunlich, wie sich eine solche, für andere unsichtbare Kleinigkeit auf Ihre Selbstsicherheit auswirken kann.
- Neigen Sie zur kritischen Selbstbeobachtung? Es hilft, das eigene Bild nur als Miniatur rechts unten auf dem Monitor zu sehen oder vollständig wegzuklicken, um sich nicht ständig selbst in voller Größe betrachten zu müssen. Diese Selbstbespiegelung macht Menschen zu Recht nervös und führt dazu, dass sie sich zu häufig nicht auf die Aussagen anderer, sondern auf das eigene Aussehen konzentrieren.
- Sind Sie im Rahmen der Veranstaltungsmöglichkeiten sichtbar? Teilnehmende, deren »Kamera kaputt« ist und die absichtlich ungesehen bleiben, sind für die Moderatoren – je nach Format – als Konsumierende störend. Gibt es tatsächlich ein technisches Problem, dann sollte es zügig gelöst werden. Vielleicht sitzt das Gegenüber aber auch nur müde und in Joggingklamotten vor dem Bildschirm und hat einfach keine Lust, sich zu zeigen.
- Kommt an Ihrem Arbeitsplatz das Licht von vorne? Werfen Sie ein Tuch über eine zu helle Lampe und arbeiten Sie mit einer kleineren Lichtquelle, die schmeichelt. Stellen Sie sicher, dass Sie nicht von hinten angeleuchtet werden. Ihr Gesicht liegt dann im Schatten und Ihre Mimik ist nicht sichtbar.
- Wenn Sie können, versuchen Sie – gerade bei Online-Auftritten – im Stehen zu sprechen. Ihre Haltung wird meist besser sein und damit Ihre Atmung, Stimme und gesamte Präsenz stärken.
- Haben Sie sich auf der Plattform so angemeldet, dass Ihr Name, Ihr Unternehmen oder E-Mail-Adresse für andere Teilnehmer zu sehen ist? Haben Sie

ein sympathisches Foto eingepflegt? Andere können Sie auf diese Weise während der Veranstaltung leichter zuordnen und danach unkompliziert Kontakt mit Ihnen aufnehmen.
- Wie kommunizieren Sie? Vermeiden Sie Dominanz oder Passivität und achten Sie auf eine kongruente Mimik zu dem, was Sie sagen. Nutzen Sie außerdem moderat den Chat für qualifizierte Kommentare und beteiligen Sie sich an der Diskussion. Notieren Sie sich, mit wem Sie den Dialog nach der Veranstaltung gern fortführen wollen.
- Sprechen Sie etwas langsamer als normalerweise? Wenn ich für die Kommunikation in Präsenz bis zu 130 Wörtern pro min empfehle, dann sind es 110 für Online-Gespräche. Artikulieren Sie sorgfältig, fassen Sie sich kurz und verzichten Sie auf Bandwurmsätze. Die Notizen, die Sie sich während der Veranstaltung machen, helfen Ihnen dabei, sich mit präzisen Beiträgen einzubringen.
- Formulieren Sie Fragen als solche? Geht Ihre Stimme deutlich nach oben? Gerade bei schlechterer Tonqualität kann man Aussage und Frage auf diese Weise klar unterscheiden. Bringen Sie insgesamt mehr Klarheit in die Kommunikation, als es bei einer Präsenzveranstaltung nötig wäre.

Übungen

»Objektiv«: Was können Sie von anderen Menschen lernen?
Dauer: 5–20 min.
Sie brauchen: Ihr Tablet, einen PC oder ein TV-Gerät.
Oft fällt es uns leichter, andere zu beobachten als uns selbst. Um etwas über sich zu erfahren, schauen Sie sich bei dieser Übung zunächst einmal verschiedene Menschen in Aktion an. Nehmen Sie dafür eine objektive, wertneutrale Haltung ein.
Eine politische Talkshow, ein Interview nach einem Fußballspiel oder ein Interview auf YouTube bieten Ihnen das optimale Beobachtungsfeld. Schauen Sie sich alle Teilnehmenden genau an. Bemerken Sie ihre Atmung? Wie setzen sie Pausen oder gehen sie mit Füllwörtern um? Was verrät ihre Körpersprache, Gestik und Mimik? Können Sie erkennen, ob wichtige Aussagen hervorgehoben werden? Mit welchen Mitteln geschieht das? Bemerken Sie eine gleichbleibende Sprechgeschwindigkeit? Nimmt

der- oder diejenige sich Zeit oder wirkt der Redebeitrag eher atemlos? Wie steht es um die Stimmlage und die Interaktion mit dem Gegenüber?

Sie sehen: Sobald Sie mit Ihrer Beobachtung beginnen, fallen Ihnen auf einmal unendlich viele Details auf. Nehmen Sie für sich mit, was Sie mögen. Realisieren Sie aber auch das, was Sie von sich selbst kennen und lieber vermeiden möchten.

Notieren Sie sich mindestens ein oder zwei Beobachtungen für die Zukunft.

»Variationen«: Fokus auf Ihr Thema
Dauer: 60 min.

Sie brauchen: Ihren PC oder Blatt und Stift.

Suchen Sie sich ein Thema aus, über das Sie etwa fünf Minuten sprechen möchten. Entwickeln Sie nun verschiedene Varianten für einen Vortrag:

- eine prägnante, faktenbasierte
- eine mit Bildern und Anekdoten angereicherte
- eine, in der Sie von persönlichen Erfahrungen zum Thema berichten

Welche Vor- und Nachteile können Sie ausmachen? Lassen sich alle drei Formen für Ihr Thema gut nutzen?

Welche der drei gefällt Ihnen am besten? Was nehmen Sie nun für die Vorbereitung Ihrer nächsten Präsentation mit?

»Den inneren Kommentar verändern«
Dauer: 1 min – mehrmals täglich.

Unsere Gedanken über uns selbst filtern häufig unsere Wahrnehmung. Schenken wir Ihnen Aufmerksamkeit, dann erfahren wir viel über uns. Erst mit diesem Wissen können wir die Art, wie wir mit uns selbst umgehen, aktiv und positiv beeinflussen. Das hat nicht nur eine entscheidende Wirkung im Außen, sondern auch eine für unser eigenes Wohlbefinden.

> Stecken Sie sich dazu ein kleines Notizbuch und einen Stift in die Tasche und notieren Sie über den Tag verteilt, was Sie über sich denken. Schreiben Sie es so genau wie möglich auf. Schauen Sie sich Ihre Sätze später an. Es ist erstaunlich, wie kritisch und hart wir oft mit uns selbst »sprechen«.
> Nun lesen Sie Ihre Sätze. Verkehren Sie die negativen so ins Gegenteil, dass Sie sie annehmen können.
> Aus »Ich kann das nicht.« wird dann »Ich kann das oder lasse mich unterstützen.«.

Dieses Kapitel brachte Ihnen näher, was es bedeutet, authentisch zu kommunizieren. Ihr ganzes Selbst – Ihre Gedanken, Gefühle und Erfahrungen – mit in Ihre Kommunikation einzubringen. Sie zeigen anderen, dass Sie sowohl sich selbst als auch die anderen achten. Wenn Sie ehrlich und direkt sind, schenken Ihnen die Menschen Aufmerksamkeit und hören Ihnen zu, was Ihnen mehr Selbstvertrauen gibt.

Erfahrungen – Rich-Impact-Speaking in der Praxis

9

Ich werde oft gefragt, ob es ein angeborenes Talent ist, eine gute Rednerin zu sein, oder ob es erworben und geübt werden kann. Ich würde sagen, es ist wie bei vielen anderen Dingen im Leben: Einige Menschen haben wahrscheinlich ein

Talent, aber jeder kann ein gutes Niveau erreichen, wenn er sich Mühe gibt. Das ist ein bisschen wie bei einem Musiker oder einem Athleten. Außerdem gibt es Studien, die zeigen, dass bei vielen intellektuellen Fähigkeiten nicht die Intelligenz, sondern Anstrengung und Übung – also harte Arbeit – die Grundlage für Wissen sind. Die erfolgreichsten Menschen verbringen die meisten Stunden mit bewusstem Üben, indem sie Aufgaben in Angriff nehmen, die über ihr derzeitiges Kompetenzniveau und ihre Komfortzone hinausgehen. Sie beobachten Ergebnisse, nehmen Anpassungen vor.

Ich wende diesen Aspekt des kontinuierlichen Lernens auf meine eigene Praxis als Trainerin an. Meine wichtigsten Lehrer sind meine Klienten. Mit jeder Sitzung gewinne ich neue Erkenntnisse darüber, was jemandem bei der Umsetzung einer Veränderung helfen kann. Normalerweise mache ich Vorschläge und bitte meine Klienten mir eine Rückmeldung zu geben, ob die Maßnahme hilfreich und umsetzbar ist. Wenn nicht, suchen wir gemeinsam nach einem neuen Weg. Diese Wege bereichern weiterhin meine Praxis und ich hoffe sehr, sie werden auch Ihre Praxis bereichern und inspirieren.

Die neun Geschichten in diesem Kapitel haben sich alle während individueller Trainings zugetragen. Um die Vertraulichkeit meiner Klienten zu schützen, habe ich jedoch ihre Namen und einige Details geändert, sodass die Personen nicht wiedererkennbar sind.

Jan: »Ich kann jeden bewusstlos quatschen.«

Sein Ziel: fokussierter sprechen und in einen echten Dialog gehen.

Jan (46) kommt drei Mal für 90 min zu mir, um eine Reihe von Auftritten vorzubereiten. Auf einer Roadshow will er sich und seine Finanzdienstleistung präsentieren. Schon bei der Vorbesprechung zeigt sich, dass Jan nicht nur viel und schnell, sondern auch etwas vernuschelt durch seinen Bart spricht. Seine Finger gehen dabei oft in Richtung Mund und Kinn. Während er dort durch seine Barthaare streicht, hält er sich fast die Hand vor den Mund.

Seinen schwer verständlichen Redefluss kommentiert er vergnügt mit der Bemerkung, er könne einfach jeden bewusstlos quatschen. Eigentlich, bemerke ich, ist mein Klient dabei allerdings alles andere als entspannt. Als ich Jan vorsichtig zu seiner Körperhaltung befrage, bestätigt er mir meinen Eindruck etwas überrascht. Er erklärt, der berufliche Druck sei hoch und er würde diese Anspannung schon gar nicht mehr bemerken.

Wir vereinbaren folgende Ziele:

- eine hilfreiche Körperspannung
- eine tragendere Stimme und ein angepasstes Sprechtempo
- der bewusste und effektive Einsatz von Pausen
- eine klare Artikulation

In den kommenden Sitzungen arbeiten wir an diesen Punkten und starten mit der Atmung. Zunächst leite ich Jan mit unterschiedlichen Übungen an, lang und tief zu atmen. Er lässt sich so gut darauf ein, dass er zwei Mal sogar einschläft. In den folgenden Wochen gelingt es ihm, die Übungen regelmäßig in seinen Alltag zu integrieren. Wir wissen allerdings beide: Eine zu entspannte Haltung wird Jan auf keinen Fall weiterhelfen.

Um die optimale Atemfrequenz und Körperspannung zu finden, suche ich mit ihm nach einem passenden Bild. Jan berichtet von seinem Schwimmtraining, dass er und seine Frau als Hobbytriathleten absolvieren. Ich frage ihn nach seiner Atemfrequenz beim langsamen Kraulen und bitte ihn, mit diesem Bild vor seinem inneren Auge, Luft zu holen. Schon nach kurzer Zeit wird sein Atem tiefer und effektiver. Das Bild hilft ihm, einen Rhythmus zu finden, der ihn auch beim Sprechen ruhiger werden lässt.

Als nächstes nehmen wir uns die eher dominante Rolle vor, die Jan in Gesprächen einnimmt. Ich bringe das Thema Pausen auf. Wir spielen ein Präsentationsgespräch durch, eines mit, eines ohne nennenswerte Pausen. Schnell wird klar, wie wichtig diese Mini-Unterbrechungen sind, damit das Gegenüber Zeit zum Verarbeiten zusammenhängender Informationen hat. Jan bemerkt, dass er ohne Pausen auch nicht mitbekommt, wenn etwas unklar und damit nicht überzeugend ist. Das Thema Pausen verdeutlicht Jan, dass seine Wortbeiträge voneinander abgegrenzte Sinneinheiten brauchen. Es wird ihm bewusst, dass der Dialog tatsächlich ein echtes Ziel für ihn ist – auch und gerade, weil er verkaufen will.

Schließlich widmen wir uns in den letzten beiden Sitzungen der Artikulation. Wir arbeiten erneut mit einer Sportanalogie. Jan weiß, wie schnell Muskeln, die nicht trainiert werden, schlapp werden. Er bemerkt, dass er tatsächlich ein Vokaltraining braucht, als er beim mehrmaligen Aussprechen von A, E, I, O, U richtiggehend Muskelkater entwickelt. Ich lasse ihn die Vokale mit übertrieben weit geöffnetem Mund üben. Auch wenn Jan sich hier am Rande seiner Komfortzone bewegt, bemerkt er später beim normalen Sprechen überrascht eine erste Veränderung.

Nach den Sitzungen nimmt Jan mit, dass er mit einer täglichen Atemübung und dem Vokaltraining weitermachen möchte. Seine Frau will er außerdem bitten, ihn in Gesprächen an den Wunsch zum Dialog zu erinnern. Mir fällt auf, dass seine Hand kaum noch zum Mund geht. Für seine Roadshow fühlt er sich mit einer klareren Sprache und Botschaft nun gut vorbereitet.

Anna: »In größeren Gruppen komme ich nicht durch.«

Ihr Ziel: selbstbewusster auftreten und gehört werden.

Anna (34) arbeitet als Risikomanagerin in einem großen Handelshaus. Sie überwacht die Positionen der Händler und Vertriebsleute und telefoniert viel. In Einzelgesprächen empfindet Anna die Kommunikation als gelingender, spricht sie aber vor oder mit Gruppen, fühlt sie sich oft so, als erreiche sie die anderen nicht. Anna kommt drei Mal 90 min zu mir.

In einem ersten Termin vereinbaren wir folgende Ziele:

- sicherer sprechen, selbstbewusster auftreten
- überzeugender argumentieren, Botschaften konzentrieren
- Verhandlungs- und Führungskompetenzen ausbauen
- gemeinsam mit anderen zu konstruktiven Lösungen kommen

In unserer ersten Sitzung arbeiten wir an Annas Körperhaltung. Sie macht sich eher klein und hat wenig Körperspannung. Ihre Stimme klingt damit zaghafter als nötig. Ich bitte Anna, verschiedene Haltungen einzunehmen und für sich zu testen, wie sie sich anfühlen und wie sich hier die Stimme verändert. Auch bitte ich sie, eine Position im Stehen zu finden, die es ihr erlaubt, frei und gut zu atmen. Über diese Übung wird ihr schnell klar, dass bereits die kleine Intervention, die Schultern zurückzunehmen und sich bewusst aufzurichten, positiv auf ihre Selbstwahrnehmung wirkt. Sie kann sich so wacher und entspannter fühlen.

Auch ihre Stimme klingt automatisch etwas tiefer und voller. Um weiter an ihrer Präsenz zu arbeiten, machen wir uns auf die Suche nach passenden Bildern aus ihrer Welt. Anna erzählt, dass sie gern singt und Geige spielt. Die Analogie zwischen der Klangproduktion des Saiteninstruments und der menschlichen Stimme hilft ihr, sich selbst besser wahrzunehmen. Ich bitte sie, mir etwas vorzusingen und dabei einmal richtig Raum einzunehmen. Anfangs fällt ihr die Übung zwar schwer, aber in diesem geschützten Umfeld kann sie nach kurzer Zeit etwas loslassen und mit ihrer Stimme und Bewegung freier experimentieren. Sie übt ein, »im Rampenlicht zu stehen« und stellt fest, dass es sich für sie sogar gut anfühlt.

Anna entscheidet sich, im Beruf und vor größeren Gruppen mehr auf ihre Körperhaltung zu achten und damit ihren Aussagen mehr Gewicht zu verleihen. Wir arbeiten heraus, dass Anna in Zukunft am besten im Stehen telefoniert. So kann sie tiefer atmen und ihre Stimme trägt besser.

Ich rate Anna, ihren Körper beim Sprechen insgesamt mehr mitzunehmen, sich beispielsweise beim Sprechen aufzurichten und sich dem Gegenüber aktiv zuzuwenden. So wird sie nicht nur stimmlich gehört, sondern auch körperlich gesehen.

Inhaltlich analysieren wir verschiedene Situationen, die Anna im Umgang mit den Kollegen Schwierigkeiten bereiten. Einige liefern ihre Daten zu spät oder gar nicht. Es wird klar, dass Anna den Sinn bestimmter Prozesse und die Aufgaben der Kollegen klarer kommunizieren will. Wer Daten pünktlich liefern soll, möchte seinen Nutzen für sich und den Gesamtzusammenhang sehen. Anna wird klar, dass es hilfreich ist, Abläufe genauer zu erklären und auf Widerstände nicht nur sachlich, sondern vor allem auch empathisch zu reagieren.

In einem Telefonat einige Wochen nach den Sitzungen erzählt mir Anna, dass sich mit mehr Kontakt zu ihr selbst auch die Zuarbeit der Kollegen stark verbessert hat. Sie erinnert sich über ihre Körperhaltung an mehr Präsenz und strahlt die Sicherheit aus, die sie selbst spürt.

Harry: „Lasst uns diese Firma verkaufen!"

Sein Ziel: Begeisterung für sein Unternehmen wecken.

Ich lernte Harry (Mitte 50) bei einem Läufertreffen kennen, als ich mit einigen Freunden, mit denen ich regelmäßig trainierte, durch den Wald lief. Er ist ungefähr so alt wie ich und war früher Leistungssportler im Rudern. Als ich ihn kennenlernte, war Harry Vorstandsvorsitzender eines großen Mittelständlers.

Ein Jahr nach unserem Treffen kam Harrys Tochter zu mir, um Unterstützung bei ihrem Aufnahmegespräch für die Graduiertenschule zu erhalten. Ich muss erfolgreich gewesen sein, denn ein weiteres Jahr später erhielt ich plötzlich einen Anruf von Harry, ob ich seinem vierköpfigen Vorstand helfen könne.

Ich ergriff die Gelegenheit und nahm an der Generalprobe für die Verkaufspräsentation teil, die der Vorstand für einen potenziellen neuen Investor machen wollte. Bei der Sitzung waren Harry und seine Vorstandskollegen des Unternehmens der Lebensmittel- und Getränkeindustrie anwesend: Harry, der CEO, der CFO, der COO und der CCO. Ich saß da und beobachtete ihre Präsentation. Die Folien – ein sehr umfangreiches Paket – waren von einer renommierten Beratungsfirma zur Verfügung gestellt worden.

Harry begann mit dem Satz: „Heute möchte ich mit Ihnen über ein spannendes Unternehmen und eine interessante Investitionsmöglichkeit sprechen."
Ich zeichnete die gesamte Präsentation auf Video auf. Ich konnte das Spannende und das Interessante an der Gelegenheit leider nicht spüren.

Nachdem alle Mitglieder des Vorstands ihre Präsentation gehalten hatten, war ich an der Reihe, ihnen Rückmeldung zu geben. Wir begannen mit der ersten Aussage: „Heute möchte ich mit Ihnen über ein spannendes Unternehmen und eine interessante Investitionsmöglichkeit sprechen."

Alle vier sagten, dass sie die Begeisterung nicht hören konnten und dass dies der Präsentation jegliche Glaubwürdigkeit raubte. Von da an war die Präsentation zum Scheitern verurteilt.

Also haben wir herausgefunden, warum die Begeisterung nicht rüberkam. Es stellte sich heraus, dass sich das Unternehmen fast zwei Jahre nach Beginn der COVID-19-Pandemie in keiner guten finanziellen Verfassung befand und der Vorstand unter dem Druck stand, die Transaktion erfolgreich abzuschließen. Sie legten Folien vor, von denen sie selbst nicht ganz überzeugt waren. Zum Teil sahen sie die zum ersten Mal. Und sie passten ihre Aussagen an die Folien an, statt die Folien zu nutzen, um die Aussagen zu stärken, die sie gerne machen wollten.

Wir begannen mit der Arbeit an den Aspekten, die überzeugend und spannend waren. Außerdem erarbeiteten wir die Schwierigkeiten, mit denen das Unternehmen konfrontiert war, welche Maßnahmen ergriffen wurden und welche Erfolgsaussichten diese hatten. Ich fragte die Vorstandsmitglieder, ob sie sich damit wohlfühlten, ob sie es verinnerlichen könnten. Vier starke Stimmen antworteten mit einem entschiedenen: „Ja!".

Also versuchten wir es erneut. Und tatsächlich, eine deutliche Veränderung trat ein. Der gleiche Satz: „Heute möchte ich mit Ihnen über ein spannendes Unternehmen und eine interessante Investitionsmöglichkeit sprechen", klang nun eher wie: „Heute möchte ich mit Ihnen über ein **spannendes Unternehmen** und eine *großartige Investitionsmöglichkeit* sprechen." Sogar seine Körpersprache änderte sich, und Harry begann, sich in die Worte „spannendes Unternehmen" und „großartige Investition" hineinzuversetzen, fast so, als ob er wieder sein Boot rudern würde. Sein Gesichtsausdruck und seine Hand- und Körpergesten stimmten mit der Botschaft überein.

Als nächstes arbeitete ich mit dem COO. Leiter des operativen Geschäfts sind oft eher introvertierte Menschen, die Prozesse und Maschinen mögen und weniger Präsentationen und die Bühne. Das war auch hier der Fall.

Während des Probelaufs stand der COO, den ich Hans nennen werde, bestenfalls im rechten Winkel zum Publikum. Man könnte vielleicht eher sagen, dass er ganz zur Leinwand ausgerichtet war und diese auch ansprach, und nicht sein Publikum. Und er vertiefte sich in jedes einzelne Detail der Folien. Er erzählte auch nicht die Geschichte des Unternehmens, sondern referierte über die Daten, die auf den Folien standen.

Ich setzte mich mit Hans zusammen und bat ihn, mir in kurzen Worten und ohne Folien zu sagen, was er sagen wollte, und forderte ihn auf, die Folien völlig zu ignorieren. Was war die Geschichte? Er sagte mir, dass er die Folien nicht einmal verstehen konnte und dass sie eine Menge Fehler enthielten. Und er sagte mir, was er sagen wollte – in seinen Worten, ohne Folien.

Da wir nun eine gute Geschichte hatten, suchten wir nach zwei bis drei Bildern, welche die Geschichte, wie er sie mir erzählt hatte, unterstützen würden.

Er versuchte es noch einmal. Inzwischen präsentierte er zum dritten Mal, einmal mit Folien in der größeren Gruppe, einmal mit mir, und jetzt frei mit den ausgewählten Folien und der entworfenen Geschichte. Er erklärte nicht mehr die Folien, sondern erzählte von der Arbeit in den verschiedenen Werken und den innovativen Produkten, die das Unternehmen herstellte. Er war begeistert und bezog das Publikum mit ein, verteilte Produkte zum Probieren. Er war in seinem Element und, was am wichtigsten war, er war völlig präsent: Sein Körper war dem Publikum zugewandt, seine Stimme war kräftig, sein Stand aufrecht und stabil und sein Atem floss. All das, weil seine Geschichte inzwischen von den Bildern unterstützt wurde und diese zur Geschichte passten, nicht umgekehrt. Er verkörperte alles so, wie er es glaubte. Er kam souverän und glaubhaft rüber und fühlte sich selbstsicher.

Er hatte nun genügend Material und das nötige Selbstvertrauen, um zu präsentieren, und er hatte aus erster Hand erfahren, wie er während der Präsentation in Bezug auf Körper, Stimme und Botschaft sein wollte. Daran orientierte er sich beim Üben seiner Präsentation in den nächsten Tagen.

Ein paar Tage später reiste der Vorstand zur Präsentation vor den neuen Investoren und das Unternehmen wurde erfolgreich verkauft.

Es ist so wichtig, dass Sie Ihre Botschaft verkörpern und mit Inhalt, Stimme, Körper und Gesten eine Botschaft aussenden. Wenn Sie das nicht tun, geht die Botschaft verloren und Sie verlieren vor allem an Glaubwürdigkeit. Das ist nicht immer einfach, denn manchmal erliegen wir dem Druck von Folien oder einer Geschichte, die wir glauben erzählen zu müssen. Aber innerhalb dieser Geschichte gibt es immer einen Teil, den wir vertreten und für den wir eintreten können, und von diesem Teil ausgehend können wir unsere Argumente so aufbauen, dass wir ein kohärentes Bild präsentieren können und in unserer Präsentation glaubwürdig und damit kraftvoll und wirkungsvoll sind.

Katrin: »Ich bin einfach der nüchterne Typ.«

Ihr Ziel: Zuhörer auch emotional erreichen.

Katrin (42) führt ein Unternehmen im sozialen Bereich. Sie kommt zu mir, weil sie neue Investoren, Partner, Mitarbeitende oder die Presse noch nicht so erreicht, wie sie es möchte. Katrin bezeichnet sich selbst als Kopfmensch. Auf mich wirkt sie sehr kompetent, aber auch ein wenig unnahbar. Diesen Eindruck gewinne ich sicher auch, weil Katrin wenig Modulation und Wärme in der Stimme hat und ihr Körper beim Sprechen kaum Bewegung zeigt. Das ist schade, denn eigentlich beweist sie mit ihrem Engagement für Kinder ein großes Herz.

Wir vereinbaren zwei Ziele für die drei Sitzungen:

- Begeisterung für die Sache transportieren
- das Gegenüber auch emotional erreichen

In unserer ersten Sitzung konzentrieren wir uns zunächst auf Katrins Atem. Sie hebt die Schultern beim Einatmen und lässt sie beim Ausatmen leicht wieder fallen. Ihren Bauch, Sitz der Emotionen, erreicht ihre Atmung nicht. Das üben wir nun. Ein tieferer Atem soll sie darin unterstützen, einen besseren Zugang zu ihren Gefühlen zu bekommen. Ich biete ihr verschiedene Atemübungen an. Sie entscheidet sich für eine und wir atmen gemeinsam. Nach einer Weile findet Katrin ihren Rhythmus und entspannt sich. Als wir etwas später miteinander sprechen, klingt ihre Stimme bereits weicher.

Um eine nachhaltige Änderung zu bewirken, bitte ich sie, ihre Augen zu schließen, und frage nach einem Bild, das ihr Freude macht. Sie erzählt von einer Bergblumenwiese. Ich bitte sie, die Szene vor ihrem inneren Auge zu beschreiben. Während sie Duft, Farben und Panorama beschreibt, zeigen die Gestik, die Modulation, die Stimme und ihr Körper auf einmal viel mehr Bewegung. Katrin berichtet nach der Übung, dass sich das gut angefühlt habe. Sie entscheidet, sich vor dem nächsten wichtigen Gespräch mit einem positiven Bild innerlich emotional »aufzuladen«.

Damit Katrin das noch leichter fällt, üben wir in der nächsten Sitzung weiter. Ich bringe bunte Tücher aus unterschiedlichen Materialien mit und bitte sie, noch einmal an die Almwiese zu denken und einige Farben auszuwählen. Katrin streicht über die Tücher, wählt Farben und Stoffe aus.

So eingestimmt frage ich sie, ob sie mir von einigen Erfahrungen mit ihrer Arbeit berichten kann. Sie soll dabei den Stoff in der Hand halten und auch darüber sprechen, welche Gefühle sie mit den Erlebnissen verknüpft. Hier zeigt sich eindrücklich: Über die Sinneserfahrung, das taktile Erleben, bekommen wir leichter Zugang zu unseren Emotionen. Katrin wirkt aktiver und lebendiger. Ich bitte sie, diesem Gefühl nachzuspüren und mit dem inneren Bild der Wiese zu verankern. Katrin beschreibt ihren Zustand im Anschluss als »entspannter und mit sich verbundener«. Mein Hinweis, dass ihr Gegenüber über ihre persönlich erlebten Geschichten eher zum Tun aktiviert wird als über reine Fakten, leuchtet ihr ein.

Zum Abschluss des letzten Trainings entscheidet sich Katrin dafür, zukünftig Atemübungen und Visualisierungen in ihre Tagesroutine aufzunehmen. Sie nimmt sich außerdem vor, Gerüche, Texturen, Geschmäcker und Geräusche achtsamer wahrzunehmen. Katrin beschreibt, dass dieser neue Fokus auf die Sinne ihr neue Möglichkeiten des Ausdrucks eröffnet. Neben der Sachinformation möchte und kann sie ihr Gegenüber nun auch emotional besser erreichen.

Xaver: »Ich muss mein ‚A.' [A Punkt] finden.«

Sein Ziel: mehr Präsenz zeigen und Geschichten zu seinem Unternehmen erzählen können.

Xaver ist seit Kurzem Mitglied des Vorstandes eines Dienstleisters im FinTech-Bereich. Er ist in dem Unternehmen aufgestiegen, nachdem er dort als Auszubildender begonnen hatte. In seiner bisherigen Laufbahn hatte er sich hauptsächlich auf den inhaltlichen und technischen Teil seiner Entwicklung konzentriert, aber jetzt, da er CEO war, musste er seine Kommunikationsfähigkeiten für zwei Hauptzwecke verbessern: erstens für die Kommunikation mit den Mitarbeitern des Unternehmens und zweitens für die Geschäftsentwicklung und die Akquisition weiterer Kunden für das Unternehmen.

An dem Tag, an dem ich Xaver zum ersten Mal traf, fühlte ich mich von dem Moment an, als ich ihn begrüßte, gehetzt, obwohl er sich alle Zeit nahm, die wir für unser Gespräch brauchten, und darum gebeten hatte, während unseres Treffens nicht gestört zu werden. Xaver ist ein sehr dynamischer Mensch, der sehr schnell spricht und seine Körperbewegungen sind unregelmäßig und ein wenig unruhig.

Der zweite Aspekt, der mir auffiel, war, dass er mir eine Menge Daten über das Unternehmen erzählen konnte, aber es war nicht möglich, sie in einen Kontext zu stellen, einen Teil mit dem anderen in einer Geschichte zu verbinden und Analogien zu erkennen, welche die Daten für eine Person, die die Informationen zum ersten Mal hörte, relevanter machen könnten.

Ich schlug vor, dass wir an den beiden Themen Verlangsamung des Sprechtempos sowie Zeit und Raum für Bewegung arbeiten, um Xavers Präsenz erkennbarer zu machen. Und dass wir das Alleinstellungsmerkmal des Unternehmens erarbeiten und eine Strategie entwickeln, mit der Fragen beim Publikum gesetzt werden, sodass Xaver mit Anekdoten und Kontextdaten zum Erzählen angeregt werden kann.

Wir arbeiteten in drei Sitzungen zu je 90 min, verteilt über einen Zeitraum von etwa vier Monaten. Dies gab Xaver die Möglichkeit, die erarbeiteten Themen zu verinnerlichen und sich selbst und andere zu beobachten.

Schon bei unserem ersten Kennenlernen war mir Xavers schnelles Tempo aufgefallen, und als wir uns zur ersten Sitzung trafen, wollte ich mir ein besseres Bild davon machen, woher dieses Tempo kam. Normalerweise eilt er von einer Sitzung zur nächsten und hat dazwischen kaum Zeit. Die wenigen Minuten des Übergangs nutzt er, um Anrufe zu beantworten und mit Leuten zu sprechen, während er geht.

Allein die Beschreibung dieses Tempos brachte mich schon außer Atem, und ich konnte mir gut vorstellen, dass es ihm genauso erging. Als ich ihn mit dieser Frage konfrontierte, beschrieb er, dass dies bereits ein langsameres Tempo sei als das, was er zuvor gehabt habe. Irgendwann hatte er aus gesundheitlichen Gründen eine Pause einlegen müssen, er hatte die letzten Energiereserven seines Körpers aufgebraucht. Seine Atmung war flach und beschleunigt und oft durch den Mund. Wir begannen, lange und tiefe Atemzüge zu üben. Die Länge der Atemzüge kam erst später, denn jetzt ging es eher darum, eine gewisse Tiefe und einen Rhythmus in der Atmung zu finden und die Luft durch die Nase fließen zu lassen. Als die ersten Übungen organischer wurden, zeigte ich Xaver auch, wie man mit dem linken Nasenloch atmet, damit er noch mehr Ruhe erfahren kann. Am Ende der Sitzung erwähnte Xaver, dass er sich entspannt und mit dem Impuls fühlte, die Dinge langsamer anzugehen.

Ich erwähnte, dass ein wichtiger Aspekt der Präsenz darin besteht, sich Zeit und Raum zu nehmen und sich in einem bestimmten Moment vollkommen auf eine Aufgabe oder eine Person zu konzentrieren. Dies erforderte, dass er seinen Modus Operandi anpasste und Zeiträume einbaute, um von einer Sitzung zur nächsten zu wechseln. Xaver sprach mit seinem Team, damit es ihn dabei unterstützte, dies zu ermöglichen.

Bereits in der zweiten Sitzung berichtete Xaver, dass sich die veränderte Terminplanung auszahlte. Er hatte das Gefühl, dass die Qualität seiner Interaktionen an Tiefe gewonnen hatte und er sich besser konzentrieren und auf die Menschen in seinem Team einwirken konnte. Er hatte es sich auch zur Gewohnheit gemacht, jeden Tag fünf Minuten lang langsam und tief zu atmen. Er sagte, dass sogar seine Frau eine positive Veränderung in seinem Verhalten und seiner Aufmerksamkeit bemerkte.

In der zweiten Sitzung widmeten wir uns der Verlangsamung seiner Sprache. Ich gab Xaver einen einfachen Text mit 130 Wörtern und maß die Zeit, die er brauchte, um ihn laut vorzulesen. Sie lag weit unter einer Minute. Wir sind so sehr an schneller, höher, größer gewöhnt, dass es manchmal irritierend ist, wenn wir die Herausforderung umkehren. In diesem Fall bestand die Herausforderung für Xaver darin, den Text in mindestens einer Minute zu lesen, also langsamer zu werden. Im Idealfall wollte ich sogar, dass er ihn in mehr als einer Minute liest, nur um ihn spüren zu lassen, was langsam bedeutet.

Um eine körperliche Erfahrung zu erzeugen, die über die rein intellektuelle und auditive Erfahrung des Lesens hinausgeht, ließ ich Xaver während des Lesens im Raum herumgehen. Ich bat ihn, bei jeder Runde im Raum langsamer und langsamer zu gehen. Ich brachte ein Metronom mit – ein Gerät, das wie eine Uhr einen sich regelmäßig wiederholenden Ton erzeugt, um Musizierenden zu helfen, Musik in einem bestimmten Tempo zu spielen – das in unserem Fall die Geschwindigkeit vorgab, mit der er durch den Raum gehen sollte. Meine Absicht war nicht nur, Xavers Sprache zu verlangsamen, sondern auch seine Bewegungen zu verlangsamen. Gleichzeitig war es wichtig, dass er seine dynamische Persönlichkeit behielt. Die Übungen sollten seine Komfortzone erweitern, sodass er innerhalb seines natürlichen Tempos mehr Vielseitigkeit finden und sich langsamer bewegen und sprechen konnte, wenn er dies brauchte oder wollte.

Bei unserer letzten Sitzung, die stattfand, nachdem Xaver etwa zwei Monate lang von seinem Strandhaus aus gearbeitet hatte, kam Xaver viel entspannter herein. Damit hatten seine Präsenz und sein Tempo einen bewussteren Charakter angenommen. Das kam seiner Präsenz und seinem Fokus sehr zugute und ich fühlte mich wohler und konnte seine Aufmerksamkeit genießen. Es war ein starker und willkommener Kontrast zu unserem allerersten Termin.

In dieser Sitzung arbeiteten wir daran, das „A." zu finden. In der Einleitung zu diesem Buch habe ich erwähnt, dass ich das A. ganz bewusst als Teil meines Namens verwende, weil gut 90 % der Menschen, die meine Visitenkarte sehen, danach fragen. Und damit geben sie mir die Möglichkeit, über mich zu sprechen und eine Geschichte für das Publikum zusammenzustellen, das gerade vor mir steht. Es gibt eine Menge Literatur, die den Prozess der Gestaltung eines Elevator Pitches beschreibt, und es ist wichtig, sich daran zu halten. Meiner Meinung nach ist es genauso wichtig, einige Merkmale und Daten zu identifizieren, die man einem bestimmten Publikum vermitteln möchte, und es dann selbst die Fragen stellen zu lassen. Es ist eine kleine Kunst, die Fragen beim Zuhörer zu setzen, damit er einen fragt und man selbst nicht protzt, sondern lediglich Fragen freundlich beantwortet.

Das Unternehmen, das Xaver leitete, hatte einen Großteil seines Fachwissens darauf verwendet, Unternehmen in der FinTech-Branche zu unterstützen. Es hatte große Gewinne erwirtschaftet und was es einzigartig machte, war, dass es, obwohl es schnell gewachsen war, immer noch sehr wendig und reaktionsschnell war und einfach zu implementierende Lösungen fand, die keine komplizierte Softwaretechnologie erforderten und für Kunden jeder Größe erschwinglich waren. Darüber hinaus war das Unternehmen bestrebt, seine Mitarbeiter wie eine echte Familie zu behandeln, was für ein hervorragendes innerbetriebliches Klima sorgte, das sich in der exzellenten Qualität widerspiegelte, die es seinen Kunden bot. Ohne viel zusätzlichen Schnickschnack waren sie ein wahrhaftig nachhaltiges Unternehmen, da sie ihre auf den Menschen ausgerichteten Werte in der Art und Weise lebten, wie sie das Unternehmen führten.

Das war ihr Alleinstellungsmerkmal und nun mussten wir herausfinden, wie er diese Geschichte erzählen konnte.

Während er mir ein Glas Wasser einschenkte, sprach er über die Qualität von abgefülltem Wasser, und bevor ich mich versah, erzählte er mir von dem Wassersystem, das sie in ihren Büros installiert hatten. Sie hatten viel recherchiert, bis sie die gesündeste, sauberste und umweltfreundlichste Methode gefunden hatten, um ihre Mitarbeiter mit gutem Trinkwasser zu versorgen.

In diesem Moment sagte ich zu ihm: „Könnte das das ‚A.‘ sein? Könntest du die Analogie zum Wasser nutzen, um über die Firma und die Strukturen zu sprechen, über die Art und Weise, wie ihr alle zusammenarbeitet und Lösungen findet. Aber erzähle nicht alles auf einmal, sondern lass es Stück für Stück tropfen, während du deinem Gegenüber die nächste Frage einpflanzt, sodass es Fragen stellt und du mit dem nächsten Teil der Geschichte antworten kannst."

Xaver war begeistert. Wir spielten mit der Geschichte in verschiedenen Situationen und mit verschiedenen Gesprächspartnern, und wir spielten die Rolle seiner potenziellen Kunden, in der er mit verschiedenen Aspekten der Geschichte experimentieren konnte. Dabei bemerkte ich, dass er sich sehr bewusst bewegte und sein Atem eine bessere Qualität, Tiefe und Geschwindigkeit angenommen hatte. Seine Haltung war standhaft, und ich konnte nun eine echte Führungspersönlichkeit erkennen, die mit ihrer Präsenz bereits einen Raum erfüllte. Es gab noch einiges zu tun, und Xaver war sehr engagiert bei der Sache, aber ich konnte bereits einige Früchte unserer Arbeit erkennen.

Miriam: »Es gibt so viel, was ich sagen möchte.«

Ihr Ziel: sich kurz und bündig, trotzdem umfassend und wirkungsreich ausdrücken.

Miriam (~45) ist die Geschäftsführerin eines großen Unternehmens. Ich wurde ihr von einem Freund empfohlen, den ich auf einer Konferenz getroffen hatte.

Miriam leitet nicht nur das Unternehmen, für das sie Präsentationen und Reden vor verschiedenen Ausschüssen in der Firma halten muss. Sie hält auch Reden in den Mitarbeiterversammlungen, wenn neue Programme – zum Beispiel Strukturveränderungen in der Unternehmensgruppe – angekündigt werden. Sie wird auch oft zu Podiumsdiskussionen und als Gast in Talkshows und Podcasts eingeladen. Miriam liebt ihre Arbeit und geht in ihr auf, sie ist sehr engagiert. Ihr Enthusiasmus ist ansteckend und sie ist ein kluger und schneller Kopf. Doch wenn sie spricht, scheinen die Worte und Sätze zu fließen, als wären sie ein unaufhaltsamer Wasserfall. Oft werden Ideen auf verschiedene Weise wiederholt und aneinandergereiht. Dabei verliert der Zuhörer den Überblick.

Mir fiel auf, dass Miriams Atem ziemlich flach war und sie kaum eine Pause machte, um Luft zu holen. Ich vermutete, dass sich dies auf ihre Fähigkeit auswirkte, Ideen zu trennen und anzuhalten, bevor die nächste Idee geformt und ausgesprochen wurde.

Meine erste Übung mit Miriam bestand also darin, den langen, tiefen Zwerchfellatem zu üben. Interessanterweise atmete sie, obwohl sie ein sportlicher Typ ist, in umgekehrter Weise, indem sie ihre Bauchdecke beim Ausatmen ausweitete und sie beim Einatmen zusammenzog. Ich forderte sie auf, sich selbst im Liegen zu beobachten. Als sie es tat, verstand sie die Idee sofort und begann, sie in die Praxis umzusetzen. Ein tiefer Zwerchfellatem, der auch rhythmisch stetig ist, kann dazu beitragen, auch einen besseren Rhythmus im Redefluss zu erreichen. Dabei werden die Phrasen melodischer, weil die Luft die Stimme besser trägt. Die Signale, die aus der Melodie/Prosodie kommen, geben einen Anreiz zum Beenden und neuen Ansetzen eines Satzes.

Als Nächstes untersuchten wir, wie sie ihre Ideen in drei Hauptthemen gruppieren konnte. Unter jeder Gruppe konnte sie dann alle anderen Punkte zusammenfassen. Danach konnte sie entscheiden, wie tief sie bei jeder der Veranstaltungen, zu denen sie eingeladen wurde, eintauchen wollte. Und sie konnte nach jedem einzelnen der drei Themen aufhören. Während wir zusammenarbeiteten, unterbrach ich sie jedes Mal, wenn sie von einem Thema zum anderen sprang, vor allem, wenn dies ohne Pause geschah. Ich ließ sie auch die Form ihrer Sätze zeichnen, sodass sie beobachten konnte, dass sie, sobald sie mit einem Thema fertig war, einen Aussagesatz haben musste, der mit einem absteigenden Ton endete, um sich selbst und ihren Zuhörern die Botschaft zu vermitteln, dass dieses Thema nun abgeschlossen war. In einer zweiten Übung bat ich Miriam, mit ihrem Arm einen Halbkreis zu zeichnen, der zu Beginn des Satzes auf der Höhe ihrer Brust begann, in der Mitte des Satzes um ihre Stirn spitz zulief und am Ende des Satzes wieder auf die Höhe ihrer Brust oder sogar darunter sank. Auf diese Weise konnte Miriam nicht nur die Form eines bejahenden Aussagesatzes anschaulich erleben, sondern auch eine körperliche Erfahrung damit machen.

Sprechen in endlosen Sätzen ohne Pause nennen wir im Deutschen Bandwurmsätze. Sie sind Gummibänder, die sich so weit dehnen lassen, dass das Gummiband nach einer Weile die vorgetragenen Gedanken nicht mehr wirklich zusammenhalten oder binden kann.

Eine Lösung, um Bandwurmsätze zu bändigen besteht darin, die Präsentation thematisch zu unterteilen und in drei Gruppen zusammenzufassen. Drei ist eine Zahl, die sich unser Gehirn gut merken kann. Dies hilft dem Vortragenden, Ordnung in seinen Gedanken und seiner Rede zu halten, und es hilft den Zuhörern, die Botschaften aufzunehmen. Es ist auch relativ einfach, eine Handgestik hinzuzufügen, die mit den Fingern aufzeigt, ob gerade über eins, zwei, oder drei gesprochen wird. Auf diese Weise unterstützt auch die Handgestik die Struktur und Botschaft.

Ein paar Wochen später sah ich Miriam wieder. Sie hatte eine Vollversammlung mit allen Mitarbeitern des Unternehmens abgehalten, um die neue Strategie zu erläutern und das Unternehmen zu motivieren, sich auf den Weg der Veränderung zu begeben. Eine Rückmeldung, die sie erhielt, war, dass sie sehr klar und strukturiert, aber dennoch motivierend wie immer gewesen sei. Ein paar Wochen später hörte sich ein Kollege von Miriam eine Podcast-Episode mit ihr an und gab ihr ein ähnliches Feedback. Weniger und strukturierter zu sprechen, bedeutete nicht, dass Miriam nicht alle ihre Ideen darlegen würde. Im Gegenteil, es bedeutete, dass sie klarer rüberkamen und sich in den Köpfen und Herzen ihrer Zuhörer festsetzen konnten.

Stephan: »Ich habe ihm nicht in die Augen geschaut.«

Sein Ziel: mit Wort, Stimme und Gestik eine unmissverständliche Botschaft übermitteln.

Stephan (~58) ist der Ehemann einer guten Freundin und geschäftsführender Partner einer Werbeagentur. Eines Abends unterhielten wir uns über unsere Berufe und er erwähnte, dass er etwas Hilfe bei seinen verbalen Kommunikationsfähigkeiten gebrauchen könnte. Er hatte beobachtet, dass er bestimmte Inhalte in klaren Worten ausgedrückt hatte, sein Gegenüber jedoch eine völlig andere Botschaft erhielt. Er fragte sich, warum dies der Fall war.

Ich kam in Stephans Büro, um mit ihm zu besprechen, wie wir die Arbeit strukturieren würden, und schon damals fiel mir auf, dass er dem Blickkontakt mit mir oft auswich. Er ist ein erfolgreicher Geschäftsmann und in seiner Branche sehr anerkannt. Seine Stimme ist klar, und sein Körper steht fest und stark, man könnte sogar behaupten, dass er ein wenig überdreht ist, was bedeutet, dass er mehr Entspannung gebrauchen könnte.

Stephan hatte bereits einen sehr strukturierten Ansatz für die Kommunikation in seinem Unternehmen gewählt. Er benutzte regelmäßig eine Aufteilung in drei Punkten mit jeweils drei Unterpunkten usw. und artikulierte klar, machte Pausen und hatte eine gute Prosodie. Obwohl ich also den fehlenden Augenkontakt bemerkt hatte, hatte ich dem keine allzu große Bedeutung beigemessen. Aber es war eindeutig etwas, das sich auf seine Art zu kommunizieren auswirkte, weshalb er mich engagiert hatte.

Wir diskutierten verschiedene Ansätze, wie man sein Publikum ansprechen kann. Zu den Strategien gehörte, mehr Geschichten zu erzählen und dafür zu sorgen, dass eine menschliche und emotionale Verbindung entsteht und dass Fakten durch sinnliche Beschreibungen greifbar gemacht werden können.

Dann erzählte Stephan mir von einem Gespräch mit einem Kollegen, dem er eine schlechte Nachricht überbringen musste. Der Kollege war davon ausgegangen, dass er bald auf der Partnerschiene sein würde. Mit unmissverständlichen Worten teilte Stephan ihm mit, dass er nicht Partner werden würde, solange er, Stephan, geschäftsführender Partner der Firma sei.

Im Anschluss an dieses heikle Gespräch erfuhr Stephan von weiteren Mitgliedern der Firma, dass sein Kollege ihnen erzählt hatte, er sei auf dem besten Weg, bald Partner zu werden. Stephan war sehr verwirrt und fragte sich, was da schiefgelaufen war.

An dieser Stelle sprach ich den Blickkontakt an, und Stephan räumte ein, dass dies ein Thema ist, das er oft vernachlässigt. Als wir die Interaktion mit seinem Kollegen analysierten, erzählte Stephan mir, dass er seinen Kollegen mit einer guten Einleitung vorbereitet hatte, indem er den Rahmen sowohl mit Fakten als auch im emotionalen Bereich abgesteckt hatte. Aber Stephan erkannte deutlich, dass er in dem Moment, in dem er den wichtigsten Teil der Botschaft aussandte, keinen Blickkontakt mit seinem Kollegen gehalten hatte. Somit hat sein Kollege diesen Teil der Nachricht nicht einmal registriert. Die Kohärenz von Inhalt und Gesten war nicht gegeben. Mehr noch, die Trennung der beiden führte dazu, dass der Kollege sich vom Inhalt löste und die Nachricht gar nicht wahrnahm. Es war ihm auch genehmer so.

Von da an arbeiteten Stephan und ich daran, sicherzustellen, dass er gut vorbereitet war, um Botschaften zu übermitteln, und dass er diese Art von Interaktionen üben und das Unbehagen tolerieren musste, in kritischen Momenten Augenkontakt zu halten. Je mehr er sich dem Unbehagen aussetzen konnte, desto mehr würde es sich auflösen und ihm erlauben, im Einklang mit seiner Rede Augenkontakt zu halten und zu gestikulieren.

Es gab noch einen zweiten Teil in Stephans Art zu kommunizieren. Vielleicht hatte er als erfolgreicher Geschäftsmann gelernt, bei bestimmten Interaktionen ein „Pokerface" aufzusetzen, damit er seine Reaktionen auf die Aussagen seines Gegenübers verbergen konnte. Dies hatte aber auch zu einer sehr faden und geringen Variabilität in seiner Mimik geführt.

Ich forderte Stephan auf, mit mir etwas Theater zu spielen. Sich vom Intellekt wegzubewegen und vor allem seinen Gesichtsausdruck übermäßig zu betonen, während wir arbeiteten, damit er seine Komfortzone für Mimik erweitern konnte. Ich habe ihn auch gebeten, alle Muskeln in seinem Gesicht zu aktivieren. Wenn wir Muskeln nicht benutzen, sind sie nicht einsatzbereit, wenn wir sie brauchen. Daher ist es gut, sie flink und wach zu halten. Eine Möglichkeit, dies zu tun, besteht darin, Grimassen zu schneiden, die Nase zu rümpfen, ein Zitronengesicht zu ziehen, die Augen weit zu öffnen, die Wangenknochen einzusetzen usw.

Ich merkte, dass all dies Stephan zum Äußersten trieb und sehr ungewohnt für ihn war. Es ging definitiv nicht darum, dass er diese Art von extremen Gesichtsausdrücken in Zukunft verwenden würde. Die Idee war vielmehr, dass er, sobald seine Muskeln und sein Verstand die verfügbaren Möglichkeiten kannten, auf diese zugreifen und sie bei Bedarf einsetzen konnte.

Ein paar Wochen später musste Stephan eine Festrede zum Firmenjubiläum halten. Er tat dies und erhielt von allen Teilnehmern des Galadinners überragende Rückmeldungen und Begeisterung. Ich bin gespannt, wie sein nächstes kritisches Gespräch mit einem Kollegen verlaufen wird.

Caroline: »Der schönste Teil des Quartalsberichts: die Margarita im Anschluss.«

Ihr Ziel: frei sprechen können – souverän, leicht und unbeschwert.

Ich lernte Caroline bei einer Netzwerk-Veranstaltung in einer großen internationalen Anwaltskanzlei kennen. Sie hatten zu einer Weinverkostung eingeladen, die von einer Meisterin des Weins geleitet wurde. Während der Wein und das Essen die Barrieren auflösten, schlossen wir uns als Fachleute zusammen und tauschten Erfahrungen in unseren Bereichen aus.

Caroline erwähnte, dass sie regionale Finanzchefin einer internationalen Dienstleistungsagentur ist und dass sie sich danach sehnte, so frei sprechen zu können, wie unsere Moderatorin uns durch den Abend geführt hatte. Mit der Botschaft auf Kurs bleiben, sehr professionell und dennoch mit Leichtigkeit und Unbeschwertheit. Als sie erfuhr, dass ich Sprechtrainerin bin, dauerte es nicht lange, bis sie nach meiner Visitenkarte fragte und mich ein paar Tage später anrief.

Wir vereinbarten drei Sitzungen zu je 90 min mit Pausen von zwei bis drei Wochen zwischen den einzelnen Sitzungen, damit sie die gelernten Themen aufnehmen, erleben und bei sich und anderen beobachten konnte.

Der Schwerpunkt der Arbeit mit Caroline sollte darin liegen, Freude an der Präsentation der Ergebnisse ihres Betriebs zu finden, damit ihre Kompetenz in dieser Sache noch mehr zum Vorschein kommt und sie weniger gestresst ist, wenn sie sich regelmäßig alle drei Monate vorstellt.

Wie bei so vielen meiner Klienten begann ich auch bei Caroline mit ihrem Atem. Sie war eine sehr dynamische Frau, die mit einer Reihe sich gleichzeitig drehender Teller jonglierte, ihrem anerkannten Beruf, ihrer Familie und dem Leben in einem fremden Land. Ich konnte feststellen, dass ihr Atem nicht die Aufmerksamkeit bekam, die er brauchte, um sie ausreichend zu nähren und ihr das Maß an Regeneration zu ermöglichen, das sie brauchte. Sobald sie ihre Fußsohlen geerdet hatte und sich aufrecht hinsetzte, hoben sich ihre Schultern, und sie begann, in ihre Brust zu atmen. Ich legte meine Hände auf ihre Schultern und lud sie ein, sie fallen zu lassen und sich zu entspannen, eine Hand auf ihren Bauch zu legen und so zu atmen, dass sich die Bauchdecke beim Einatmen ausdehnte, leicht gegen ihre Hand drückte und sich beim Ausatmen leicht zusammenzog. Als natürliche Reaktion auf das unmittelbare Gefühl der Entspannung schloss Caroline ihre Augen und entspannte sich ganz. Ihre Hausaufgabe für diese erste Sitzung bestand darin, diese Atemübung täglich fünf Minuten lang bewusst zu machen.

Über die vielen Teller hinaus, die Caroline jongliert, übt sie auch Pilates, um sich fit zu halten. Obwohl dies eine großartige Disziplin ist, um den Körper und die Körpermitte zu stärken, ist die Atmung, die beim Pilates gelehrt wird, nicht immer förderlich für ein gutes Maß an Entspannung insgesamt, geschweige denn für das Zwerchfell, das für eine gute Sprache so wichtig ist. Die Pilates-Atmung bewirkt ein gleichmäßiges Nach-innen-Ziehen der tiefen Bauchmuskeln sowohl beim Ein- als auch beim Ausatmen. Dies steht im Gegensatz zur Zwerchfellatmung, bei der das Zwerchfell beim Einatmen gesenkt wird und die Bauchmuskeln entspannt sind, sodass sie nach außen drücken können. Für Caroline bedeutete die Übung also, eine neue Art der Atmung zu erlernen.

Schon in der nächsten Sitzung berichtete Caroline, dass sie die Zwerchfellatmung immer dann einsetzte, wenn sie sich auf ein Gespräch mit ihrem Chef vorbereitete, und dass sie sich dann viel konzentrierter fühlte. Ob es der Atem selbst war oder die Tatsache, dass sie sich vor dem Anruf Zeit nahm, sich zu zentrieren? Das kann ich nicht sagen. Es hatte jedenfalls eindeutig eine positive Wirkung auf sie. Und Caroline berichtete auch, dass sie das Gefühl hatte, dass ihre Stimme stärker wurde und während der Anrufe weniger brach. Aber sie fühlte sich immer noch durch die Distanz, die das Telefon ihr ermöglichte, geschützt, anders als bei einem persönlichen Treffen.

In der zweiten Sitzung arbeiteten wir mehr an der Stimme und an diesem Gefühl der Stärke. Caroline erzählte mir, dass sie in einem Chor gesungen hatte, als sie jünger war. Ihr voller Terminkalender ließ dies nicht mehr zu. Ich wusste, dass ich da einiges an Material hatte, mit dem ich arbeiten konnte.

Wir können unseren Sinn für Durchsetzungsvermögen und Selbstvertrauen über den Verstand ansprechen und es in einer stärkeren Stimme manifestieren. Aber wir können es auch andersherum machen, uns körperlich und stimmlich stark fühlen und das in ein Gefühl der psychischen Sicherheit übergehen lassen. Also bat ich Caroline, mit mir Karaoke zu spielen und so zu singen, als gehöre die Bühne ihr und nur ihr. Wollte sie ein Publikum haben oder lieber nicht? Wie auch immer sie sich wohler und lockerer fühlte, sie spürte die Kraft ihrer Stimme und bereitete sie mit tiefem Zwerchfellatmen vor. Dabei erwähnte sie, dass dieses Gefühl der Entspannung und Stärke sie an die Stunden nach den vierteljährlichen Ergebnisbesprechungen erinnerte, die sie mit ihrem Chef und ihren Vorstandskollegen hatte. Sie gingen dann immer etwas trinken und sie bestellte eine gefrorene Margarita, die sie sehr genoss. Mit diesem Bild hatte Caroline nun eine Situation gefunden, die ihr ein Zielbild lieferte, das sie idealerweise schon vor der vierteljährlichen Ergebnispräsentation gehabt hatte. Ein Zitat der amerikanischen Schriftstellerin Terry Tempest Williams lautet: „Der Unterschied zwischen Angst und Ehrfurcht ist eine Frage des Blickwinkels." In diesem Fall war die positive Erfahrung das Leitmotiv für die Veränderung von Carolines Gefühlen.

Bei unserem letzten Treffen arbeiteten Caroline und ich daran, weitere Bilder zu finden, mit denen wir ihre Präsentation und die Gefühle, die sie haben könnte, visualisieren konnten. Caroline begann wieder mit dem Atmen, um nach ein paar Minuten in einen entspannten Zustand zu gelangen, und erzählte mir die Geschichte ihrer mündlichen Prüfung für ihr Physikabitur. Sie erinnerte sich daran, wie sehr sie sich darauf vorbereitet hatte, und sie erinnerte sich auch daran, wie sehr sie sich dabei hervorgetan und die Präsentation genossen hatte. Die Erinnerung daran war erheiternd. Ich forderte Caroline auf, sich so viele sinnliche und körperliche Erfahrungen und Merkmale wie möglich aus dieser wunderbaren Erinnerung zu notieren, damit sie diese mit einer Visualisierungsübung vor jeder ihrer vierteljährlichen Ergebnispräsentationen wiederholen konnte. Ihr Gesicht war fröhlich und strahlend und ihre Lippen verzogen sich zu einem leichten Lächeln. Als Caroline ihre Visualisierung beendete, vertraute sie mir an, dass sie seit mehr als 20 Jahren nicht mehr an diese Prüfung gedacht hatte und dass die Erfahrung der Übung, die wir gemacht hatten, sehr kraftvoll war. Sie gab ihr das Gefühl, dass sie nun darauf vorbereitet war, den nächsten Quartalsbericht mit ihrem Chef und ihren Kollegen reibungslos zu meistern und die Margarita danach genießen zu können.

Herbert: »Ich bin so stolz auf mein Team!«

Sein Ziel: durch Kommunikation authentisch führen.

Herbert kam durch eine Kollegin, die Führungskräfte in ihrer beruflichen Entwicklung berät, zu mir. Er ist ein promovierter Ingenieur, der eine steile Karriere als ergebnisorientierte Führungskraft mit Fachkenntnissen im allgemeinen Management in der internationalen Automobilindustrie hat. Herbert hat eine nachgewiesene Erfolgsbilanz für mitarbeiterbeteiligte operative Spitzenleistungen und innovative kundenorientierte Produktentwicklung und Prozessimplementierungen. Er wollte seine verbalen Kommunikationsfähigkeiten verbessern, um seine Teams besser motivieren zu können.

Viele Ingenieure, die zu mir kommen, verfügen über hervorragende technische Fähigkeiten. Allerdings werden in den meisten Bildungssystemen, insbesondere in der nicht angelsächsischen Welt, die Kommunikationsfähigkeiten für sogenannte MINT-Berufe (MINT steht für Mathematik, Informatik, Naturwissenschaft und Technik) nicht ausreichend vermittelt.

Als Herbert zu mir kam, zeigte er einen begeisterten Gesichtsausdruck und eine Wärme, die sehr authentisch wirkte. In seiner Jugend hatte er asiatische Kampfkünste praktiziert, durch die er gelernt hatte, sich zu entspannen und sogar zu meditieren und sich dabei auf den Atem zu konzentrieren. Ich konnte sehen, dass sein Tempo moderat und sein Atem bewusst und tief war und dass er das Ausatmen verlängern konnte, wenn er mehr Erleichterung brauchte.

Ich konnte jedoch auch hören, dass seine Stimme monoton war. Es schien, als ob jedes Wort mit der gleichen Gewichtung belegt war. In dieser Art zu sprechen, gab es keine Melodie und viel von Herberts Charisma und seiner aufrichtigen Zugänglichkeit ging in der Dumpfheit seiner Tonart verloren, was schade war.

In den Wochen, in denen wir zusammenarbeiteten, musste Herbert sein Team sowohl für die hervorragenden Ergebnisse loben, die es geliefert hatte, als auch motivieren, die Qualität und das Tempo der Arbeit beizubehalten. Wir begannen, uns auf den ersten Aspekt zu konzentrieren. Er sprach den Satz aus, der Eckpfeiler seiner Rede werden sollte: „Ich bin stolz auf das, was Sie, mein Team, erreicht haben!".

Aber so wie er das sagte, hätte er mir genauso gut sagen können, dass es den ganzen Tag geregnet hatte und es bis zum Ende der Menschheit grau und kalt bleiben würde. Es gab keinen einzigen Schwung in seiner Stimme.

Ich bat Herbert, den Satz „Ich bin stolz auf dich!" zu sagen und mich den Stolz spüren zu lassen. Als guter Ingenieur, der er ist, fand er eine Lösung. Er fügte ein weiteres Wort hinzu und sagte in demselben monotonen Ton: „Ich bin sehr stolz auf dich!" Ich fragte ihn, ob er es auch ohne das zusätzliche „sehr" machen könne. Stattdessen sollte er bei den Worten bleiben und den Stolz betonen. Wir kamen nicht weiter.

Da ich wusste, dass Herbert Kampfsportarten praktiziert hatte, nahm ich an, dass er mit seinem Körper in Kontakt war. Ich bat ihn, aufzustehen und sich mit seinem Körper nach vorne zu bewegen, während er *stolz* das Wort „stolz" aussprach, und sich in das Wort hineinzulehnen. Herbert hatte auch zwei kleine Kinder, denen er zur Schlafenszeit Geschichten vorlas. Ich bat ihn, so zu tun, als ob die Aussage in einem der Kinderbücher stünde und ein hübsches Bild darauf zu sehen wäre. Ich spielte ein Kind im Bett, das sich das Bild ansieht und neugierig fragt: „Papa, was ist das?" Er musste dann etwas in der Art antworten, wie: „Das sind alle Mitarbeiter, die mit mir arbeiten." Das Kind fragte ihn dann, ob er sie möge, und Herbert musste antworten, dass er *stolz* auf sie sei, wobei er sich diesmal nicht nur mit seinem Körper, sondern auch mit seiner Stimme in das Wort hineinversetzte und sogar eine Geste mit seiner Hand machte.

Wenn man Kindern vorliest, findet der Vorleser oft ganz natürlich zu einer emotionaleren und übertriebeneren Ausdrucksweise, und so war es auch hier im Rollenspiel. Nach und nach erlaubten ihm die Situationen, die Herbert aus anderen, weniger intellektuellen Bereichen seines Lebens und außerhalb seines beruflichen Umfelds bekannt waren, zu erfahren, was es bedeutet, den Worten, die ihm wichtig waren, im Satz eine andere Gewichtung zu geben.

Als Nächstes stellte ich ihm einige Fragen, auf die er immer mit genau denselben Worten antworten musste: „Ich bin stolz auf dich." Die Betonung musste sich je nach Frage, die ich stellte, ändern.

Frage: „Wer ist stolz?" Antwort: „**Ich** bin stolz auf dich"
Frage: „Bist du enttäuscht?" Antwort: „Ich bin **stolz** auf dich!"
Frage: „Bist du stolz auf den Hund?" Antwort: „Ich bin stolz auf **dich**!"

Und da Herbert ein gutes Gespür für Tempowechsel beim Sprechen hatte, bat ich ihn, diesen Satz zu verlangsamen, ihn ganz von Stille und Feierlichkeit umgeben zu lassen und seine Arme und seine Hände zu benutzen, um diesen Stolz wie ein kostbares Juwel in seinen Händen zu halten.

Da war er, der Ausdruck, den er haben wollte. Vielleicht ein wenig übertrieben, aber eine erste Erfahrung, wie es sich anfühlt. Ich konnte sehen, wie seine Augen vor Freude funkelten, dass er dies aus vollem Herzen und mit all seinen Sinnen ausdrücken konnte. Von da an ging es nur noch darum, diese Erfahrung häufig zu wiederholen, damit sie zu einem Teil seines Instrumentariums für einen vielseitigen Kommunikationsstil werden konnte.

Herbert verließ bald darauf das Unternehmen, in dem er arbeitete, um an einem anderen Ort eine höhere Position mit noch mehr Führungsverantwortung für Menschen zu übernehmen. Ich bin sicher, dass er dort auch stolz auf seine Mitarbeiter ist, und es ihnen spürbar mitteilen kann.

Ich hoffe sehr, dass diese Geschichten Ihnen einen Einblick in die Praxis gegeben haben und Sie dazu verleiten, nun selbst einiges auszuprobieren. Gehen Sie mit diesen Einsichten Ihre eigenen Entdeckungswege. Bleiben Sie vor allem sich selbst treu und wagen Sie es, Ihren Bauchladen und Ihr Sprechinstrumentarium zu erweitern. Wenn Sie ein neues Juwel gefunden haben, das Sie in Ihr Repertoire aufnehmen wollen, üben Sie. Gute und hervorragende Redner üben. Leider glauben die anderen, sie seien gut genug und bräuchten nicht zu üben und stagnieren so auf niedrigem Niveau. Ihnen, meine Leser und Leserinnen, wünsche ich, dass Sie glänzen und einen tiefen Eindruck hinterlassen mögen!

Ausruf 10

»Sprich, damit ich dich sehe!«

Sokrates

Nach dem Lesen eines Sachbuches schwanke ich meist zwischen unbändiger Motivation, Neues umzusetzen, und dem Gefühl der Überwältigung angesichts der Möglichkeiten. Was soll ich nun genau tun? Vielleicht geht es Ihnen mit diesem Praxisbuch genauso. Wo fangen Sie also an?

Werden Sie sich zunächst einmal Ihrer Einzigartigkeit bewusst. Sie sind wie kein anderer Mensch. Kein anderer Mensch ist wie Sie. Je stärker unsere Welt von Technik und Algorithmen bestimmt wird, desto bedeutsamer wird unsere Menschlichkeit und unsere Individualität. Die eigene Stimme finden – in dem umfassenden Sinne, wie wir das hier verstehen – ist deshalb alles zugleich: Chance, Herausforderung, ein Muss!

Arbeiten Sie an Ihrer Stimme, damit andere Sie hören und sehen. Fangen Sie an, damit Sie Ihren Platz in der Welt (noch selbstbewusster) einnehmen, besser mit anderen Menschen kommunizieren und mehr Erfolg im Beruf haben. Dieses Buch unterstützt Sie auf diesem aufregenden Weg.

Verstehen Sie dafür all das, was Sie hier finden oder lesen, als ein Angebot, als Inspiration und möglichen Impuls. Bevor Sie also »Ihre« Übungen, Interventionen oder Listen auswählen, finden Sie heraus, was Sie ändern möchten. Wahrscheinlich ist Ihnen das während der Lektüre bereits aufgegangen. Schreiben Sie sich hier auf, welches Thema sich für Sie persönlich als wichtigstes herauskristallisiert hat. Ist Ihnen beispielsweise klargeworden, dass Sie in Zukunft neue

Wege beim Präsentieren einschlagen wollen, richten Sie den Fokus auf diesen Aspekt beim Entwickeln Ihrer eigenen Stimme. Vielleicht ist Ihnen aber auch bewusst geworden, wie wichtig Ihre Atmung ist und Sie möchten eine kleine, neue Atemübungsroutine einführen?

Die vielen Übungen und Beschreibungen im Buch präsentieren sich Ihnen hier als eine Art großer Instrumentenkasten, aus dem Sie sich nun das nehmen, was zum neuen »Bespielen« Ihres Themas passt. Setzen Sie so einen Fokus. Suchen Sie sich dazu zwei bis drei Vorhaben heraus, verknüpfen Sie sie mit einer alten Gewohnheit und tragen Sie Ihre Übungszeit wie einen Termin in Ihren Kalender ein.

Erinnern Sie sich mit klaren, einfachen Memos in Ihrem Planer oder auf einem Post-it am Monitor daran, für was Sie sich jetzt entschieden haben oder was Sie wichtig finden. »Dialog statt Monolog«, »Sitz aufrecht und entspannt«, »Atme«, »Ich bin eine Expertin und Expertinnen vertreten klar und ruhig ihren Standpunkt«.

Starten Sie mit wenigen Interventionen und schauen Sie neugierig, was geschieht. Wahrscheinlich müssen Sie mit alten Gewohnheiten brechen und neue etablieren. »Gewohnheiten kann man nicht einfach aus dem Fenster schmeißen. Man muss sie Stufe für Stufe die Treppe herunterlocken«, sagt Mark Twain. Überfordern und verzetteln Sie sich also nicht, erwarten Sie nicht zu viel. Entscheiden Sie stattdessen, wer und wie Sie sein wollen, und handeln Sie danach.

Lassen Sie sich Zeit. Es dauert eine Weile, bis sich Dinge ändern. Seien Sie mit sich selbst geduldig und beobachten Sie im folgenden Monat, was mit Ihnen passiert.

Dieses Buch möchte Ihnen also eine Auswahl an hilfreichen Optionen zeigen, wie Sie an Ihrer Stimme arbeiten. Im Sinne des RICH-IMPACT-Ansatzes kombiniert es Trainings zum individuellen Visualisieren, zum Atmen, zum Verbessern Ihrer Körperhaltung und Vortragsmethodik.

Zur Erinnerung: Dabei geht es nicht um verspanntes Ändernwollen, sondern um achtsames Hinschauen und das Ausschöpfen Ihres Potenzials. »Was mache ich da? Wie kann ich in eine gelingende Kommunikation kommen? Authentisch und mit mir im Frieden sein? Klarer sprechen?«

Wenn Sie Ihren Fokus gesetzt und Ihre Übungen ausgewählt haben, treten Sie einen Schritt zurück: Verabschieden Sie sich von dem Streben nach Perfektion. Entspannen Sie sich in Ihrer Unvollkommenheit, die Sie und mich mit allen Menschen verbindet, und dann fangen Sie an.

Finden und genießen Sie Ihre einzigartige Stimme. Es wäre wunderbar, wenn dieses Buch dazu beitragen kann.

Ihre Constanze v. Rheinbaben A.

The manufacturer's authorised representative in the EU is Springer Nature Customer Service Centre GmbH, Europaplatz 3, 69115 Heidelberg, Germany. If you have any concerns regarding our products, please contact ProductSafety@springernature.com

Printed and bound by CPI Group (UK) Ltd, Croydon, CR0 4YY

25/03/2026

02078173-0010